So..............Happy

娜么快乐

谢娜 / 著

吉林出版集团
北方妇女儿童出版社

自序

无论你是否愿意承认，日子就这样一天天地过去了，仿佛瞬间就到了被称为世界末日的 2012 年。

外面沸沸扬扬的末世论、玛雅人预言，离我却渐行渐远（因为我也没抢到船票，你抢到了木有）。我有一个最大的优点，就是我素来不想那么多。所以，这事和我仿佛不处于同一个空间。

我的大脑容积“过小”，顶多是个 186 的内存，容纳不下五花八门的状态和运作，所以，我干脆就让自己只剩三种操作：享受现在、回忆过去、清理内存或地放空。

我觉得，生活的每一天都要保持着亢奋和激情。一睁眼就觉得，阳光格外明媚，世界多么美好。有好的心情和心态，很多事情，只要想做，就一定能够做到。

就拿在排练和演出赖声川老师《十三角关系》这部话剧的工作中找时间写这本书来说。我每天记词记笔记，用排练和演出的空隙来写。他们说我是女超人，可我说这不准确。1. 我不是周杰伦，我这个超人不会飞；2. 我可从不占用电话亭呀（冷笑话一个，冷冷更健康哈）。

你们看到的很多字，都是我用手机，还有 ipad 一点点地写出来的哦。

因为我用电脑打字慢，用手机发短信快，所以大多数时候我选择用手机来写，当然好处还有很多了：1. 随时随地；2. 超级快；3. 先进；4. 洋气；5. 废话。此刻你是不是担心整本书都是这么没营养的话，准备马上销毁或退货？不要，不要，我求你，手下留情，你给我一分钟我毁你全世界（此处配琼瑶剧激动表情）。

好吧，正常一点，回归你不知道的，一个人独自思考时，最本真的我。现在，正是夜深人静，我看着窗外的明月，好多话想说，脑子里面的知识却像被卡住了的泉水一样涌不出来。于是我开了一瓶红酒，1982年的（别拿1982年的忽悠我，有本事来瓶今年的），因为那年的阳光特别好……哎呀又扯远了。这是我出的第三本畅销书，谢谢大家，没有你们我拿不到这个畅销作家头衔。没错，你没看错，是畅销，畅快地销毁。如果这样会让你快乐，你就这么干吧！你就这么干吧，小心我再送你一本，还签了名的（此处是伏地魔式的笑声）。

没错，我是个很快乐的人，接受采访都必然会被问到的问题是：娜娜你会有烦心事吗？遇到烦心事怎么开导自己呢？我就想，其实一句两句话真的很难讲清楚，因为我们一定会遇到各种各样的事情，不同的事情怎么样面对，怎么样让自己继续快乐下去，对于我们来说真的很重要。

这绝不是一本要教大家怎样才会快乐的书，因为"教"字跟我就不搭边儿，而且我应该是中国最没"闻花"的主持人之一（哈哈，谦虚点儿，也别太绝对，凡事儿不能太骄傲，这得别人来夸，稳住），所以，我只是想跟大家分享我的感受，像朋友"娜样"。

娜么快乐…………So Happy

娜写……………继续的年华

chapter 01

你，认识我不

我是一个艺人（咋每次听着都像在骂人）。艺人，大家有一种解释说是异于常人。我很庆幸，我有一个小本领，就是我可以在任何复杂环境下，让自己丢掉包袱，变得轻松简单，所以，在我这儿的解释，“艺人”就是普通一人。你不觉得我像你家邻居吗？半夜爬你们家窗户那种（《倩女幽魂》音乐响起）。

我以前也迷茫过，特别是刚混了个眼熟有人认识那会儿，可困扰我生活了。有一次和老家来的朋友逛街，路上有一人儿突然拉着我问，妹子你好面熟，你是？我想在老乡面前显摆显摆，想提醒她说我曾在大型古装合拍电视连续剧中出演女六号。她自己突然想起来了说：“哎呀，你就是在西单卖鞋的那小姑娘对吧！”我去（此处插播拟中文四六级考题：请问我最后是去了还是没去呢？思考中……再加考一题：请问我到底是在东单卖鞋还是在西单卖鞋呢？两地儿不远，坐地铁中间就隔一站天安门，预备，唱：我爱北京天安门，天安门上太阳升……娜姐，娜姐，回来，回来，收）……

还有一次：我们在街上拍戏，一群小孩儿来找我签名，大家都喊着“姐姐，姐姐，给签个名儿”。我看他们也叫不出名字，可能根本不认识我，显然没有看过我出演女六号的大型古装合拍电视连续剧，于是我想开个玩笑，就认真地给大家签了名，我签的名是周迅（周迅对不起哈，主要我不想只签个人名，想签个名人）。孩子们拿着签名仔细地看了看，都好兴奋好开心，他们显然识字儿，兴奋地对着我大喊：谢谢周迟姐姐，周迟姐姐再见。然后又疯跑着去找我们副导演签名去了，纳尼？妈呀，没“闻花”真可怕（插播拟中文四六级考题：请问小孩儿到底有没有“闻花”？那闻的到底都有些什么花呢？听我给您介绍一下，有君子兰、广玉兰、米兰、剑兰、凤尾兰、白兰花、百合花、茶花、桂花、喇叭花……太多的花啦，回头再慢慢给您介绍哈）……哎呀！这种趣事一箩筐，想起了再继续分享吧。

一位内向女孩儿写书过程中的杂感

写书的感觉很奇妙，特别是我，不是位作家只是位坐家，所以请谅解，无规律，无章法，想到哪儿写哪儿，可能这算是“娜式疯格”吧。

当书写遇见放空，那没什么可说的，有可能是庸人自扰，还有更大的可能是乱七八糟。但这的确是属于我自己的，独自一人的思考。虽然在大多数人心中思考这件事，离我很远，因为你们以为我是疯牛座的。其实，也是，也不是。我知道，大多数人在别人的眼中，与在自己心中有一些差别，根本不能够“一体”的存在。因为电视上和舞台上所做的工作是甚少安静的，没有一个可以与安静、感悟挂钩的方面，但并不等于我没有是吧？我得为自己说两句，我有时真的很安静，比如，睡着了（也许，睡着的安静也只是表面现象，其实梦里经常跟孙悟空和八仙过海的八仙联欢，那场面，可嗨了）……

有一句话我爱说：别人笑我太疯癫，我笑别人看不穿。这句话太好了，赞一个。

其实快乐无处不在

我听过很多类似的抱怨，比如我们不快乐，我们不幸福。很多人都在追寻快乐，到底这其中有什么样的秘诀？我也一直在追寻中，一些感受和大家分享一下。希望更多人快乐。

记得有位哲人说过：幸福太少，因为我们想要的太多。越简单的生活和日子，越会有幸福的味道，越容易品味到快乐的真谛。想起我演赖声川老师导的话剧《十三角关系》，里面的电台主持花姐回忆她和丈夫曾经快乐的当年，有一段台词：当年，好自然，我们什么都没有，他就爱我，我就爱他，没有那么多的问题，也没有那么多的生活细节。生活好简单，好美好。其实这段话也可以不单指两个人的感情，也可以指我们的生活，在奋斗的过程中有没有因为得到的越来越多，这些反而变成一种负担，让快乐变得越来越少？时刻保持快乐、享受生活，对于朋友和生活所给予的一切充满感恩。

记得我们每个人小时候写作文老爱用时光如梭，那时应该都不会真正感受这四个字吧。就这么不知道怎么一梭二梭三梭……金梭银梭就梭大了。想想自己，北漂的生活已经梭了12年了，4380多个日日夜夜，12年啊，足可以让一个牙牙学语的婴儿成长为一个漂亮的小少女，也让一个天真的小少女娜娜我，成长为一个依然纯真的美丽女人（我去……喝点水）。

穿越很简单，大家都在纷纷地穿，这可不是难事啊。晚上洗洗后，睡觉前，过去的事儿打脑袋里一溜达，你就会发现，自己真跟穿越似的。

在这12年自主成长的岁月里，我喜欢把最开心的事情挂在嘴边（这跟娜爸娜妈一样，乐天派）。我不断地改变着自己，同时也在守护着自己心底的某些坚持。

成长让我逐渐懂得退一步海阔天空，并且自己找乐子。当痛苦时，自己心里知道就好，让它赶紧过去；在挫折面前，不要退缩，坚定地从中获取经验继续往前冲。

遇事儿往轻松里想，这个很重要。朋友们都觉得我有阿Q精神，这种精神是很重要的，碰到不如意或者尴尬的事情总会很快化解掉。要说一路尴尬、难受、不如意的事太多啦，而我选择的是保持快乐的心情。

我的阿Q精神就是凡事往好的方面想，没有什么大不了的。

人生那么短，要么开始快乐，要么一直快乐！

追追追我追过丫环追向女一号

在北京奋斗了一段时间以后，有一次一个剧组定了我演一部戏的女一号。女一号呢，你知道对于一个啥也没有跑北京，也没考上学校，从可有可无的小小配角开始，没公司没背景，纯靠试戏的人，第一次有机会出演女一号，那是什么样的感觉吗？

回想起来真的像中彩票的感觉，那家伙，我高兴得分别请了所有的朋友吃饭庆祝，也为感谢大家从我演小小配角开始一直鼓励我，现在终于熬出头可以出演女一号啦，我真是 #%$#%$。是的，你没看错，也没有错版，是因为我无法用语言形容，所以只有用这种火星文表达。那几天呀，跟过节似的，跟大伙儿开心地吃呀喝呀，说实在话因为那会儿工作有上个没下个，曾经经历过一年都没找到赚钱的工作，没钱是真害怕呀，更害怕向朋友借钱。

所以，我是真的比较节俭啦，那些个逃单秘籍也是那会儿修炼和观察出来的啦，分享一下哈，是我总结和观察的（看看就好，咱不要学哈）。

1. 出门前把钱包放包的最底层或夹层。抢单时声音最大，喊“我来，谁也别跟我抢”，其实一般都会抢，然后动作很大地假翻，被朋友抢先后生气地说，你怎么这样，是朋友下次别这样了。

2. 如果朋友实在动作太慢，你先抢到，就打开钱包拿出几张美金说，哎呀，刚回国，忘换钱了。

3. 还有从没失过手的方法，就是中气十足地大声喊服务员买单，然后看时间差不多去上一趟洗手间，回来的时候基本上朋友已经买了单，此刻你生气地大吼一声，说了我买的，真不靠谱你们，以后这样不敢跟你们来吃饭了。

4. 如果此饭馆生意太好，你上完洗手间回来服务员还没来，就一拍脑门儿说，妈呀，还没有洗手，我再去一趟。

5. 还有狠的，如果已经进入最后冲刺阶段，你一定要动作大步子小，动静儿大地拉扯对方，不过别真用劲儿啊，万一劲儿太大对方觉得拉不过你就退缩了，就全盘失败啦。你一定要在对方退缩前生气地说，哎哟哎哟你劲儿真大，算啦算啦，抢不过你，下次下次，下次别抢了，别人还以为咱打架呢，算啦算啦。然后揉着胳膊边往回走边说，哎哟真疼，下次我可不客气了哈。

6. 终极挑战，到最后关头双方都掏出了钱，一定要比对方慢一步，如果是520元，你马上掏出零钱20元，喊起来，哎呀，看你手快得呀，快，我这有零的，咱AA制。

7. 还有最直接的是装醉，稳，准，狠。

你们是不是异口同声地说：娜娜，老干这事儿吧，挺专业的啊！

哎呀，不是我吹，我如果兜里不空，我是真抢单的啊。

不过呢，那会儿基本都属囊中羞涩，那会儿咋形容呢？好面子，假仗义，真没钱（现在，我真不逃啦，哎呀，不信算啦，反正也没有人给我作证）。

话说回来，那会儿为庆祝跨入女一号的行列，我豁出去大手笔连续请几顿，想到说从此跨入女主角的领域，那片酬没的说啦，跟演小配角不可同日而语啦。当然也不会再为住房的租金犯愁啦，我已经开始计划准备租个大点的房啦。女一号租的房应该稍大一点吧，起码是一室一厅，起码有个客厅啥的，会个客体体面面的是吧（是时候唱起来啦，预备，唱：我的未来不是梦，我的心跟着希望在动）。

我们狂庆祝两天以后，突然剧组告诉我有了新的投资人，我说，OK的。剧组说，投资人不OK呀，他要自己定女主角，说要把之前跟我签的合同废除。

纳尼？我根本不相信自己的后脑勺，我当时脑袋发麻，耳朵嗡嗡响，第一个反应就是，我那些饭都白请了，庆祝的酒都白喝了，我的银子呀！

其实可以不同意或者告他们违约，因为白纸黑字的合同已经签了，理儿在我这边。可当时我哪里知道可以用法律手段保护自己的利益呀，我就一个人，哪里去找律师都不知道，再说了找律师也要花钱呀。

我当时只是气得低着头不说话，感觉就像幼儿园时明明是我的玩具，另外一个小朋友哭着闹着一定要玩我的玩具，我爱死这个玩具，可大家都逼我要给这个小朋友，好像不给就是我不懂事。那如果我也又哭又闹，是不是大家就不会再逼我了呢？

是的，在幼儿园也许哭一场就没事了，可是现在长大了，面对残酷的现实，面对不公平要么忍，要么整。

我当时脑子飞速地转，我想我有两个选择，一是大度地装不在乎地答应；二是就地撒泼说，我不，我就不。

思考了一小下，我斩钉截铁地对剧组说出了一个解决的办法：可以，那我就演女二号吧。剧组制片人面露难色地说女二号已经定人了。我思考片刻，又继续装老练地谈判说：算了，退一步吧，那就演女三号吧。制片人面露难色地说，女三号也已经定人了，有一个女六号的角色还空缺，问我是否愿意接受。

我不相信地瞪大眼看着他，我真想脱口而出，我去，老娘不演了。我瞪了他快半分钟，身体僵硬，脑子飞速转动，这期间两个自己在打架，一个有阿Q精神的自己很快说服爱谁谁的自己。哎呀，大女子嘛能屈能伸，反正这段时间留给剧组了，不去也是闲着没有钱赚，没钱赚就只有一辈子逃单，再严重点交不起房租被赶马路上住去（哎呀，也没那么夸张啦，我指定能强制性地住朋友家的啦）。

最后我作出了选择，我咬咬牙答应了女六号的角色，没错，所以结果是我用本来是演女一号的三个月，演了个女六号。PS：酬劳没变，我赚了吧，哈哈。

想想看这一路上我还真是想得很明白，干吗跟现实过不去，干吗跟自己过不去。

现实就是现实，有时坦然面对现实不是因为你懦弱，也许是因为你心里明白儿的呀。可是我跟你说，我也不是一个好欺负的人，外面受了气，我会找朋友还回来的。我回头硬让朋友们重新把我请过的饭都请回来了，饭局上我免不了骂骂这不靠谱的剧组，朋友们边吃边喝边和我一起骂骂咧咧，哎哟，这一下就特解气。

我发觉不管有多大的事，只要一群好朋友一起就事儿骂事儿，这一下就啥事儿没有啦，反正那会儿我老遇到这些不靠谱的事儿。说实在的，我的承受能力和自我安慰能力真是不错。哎呀，想想我的朋友们包括何老师这一路尽笑看风云啊！

谁没遇过尴尬呀

N年前有一次，我被邀请去参加一个颁奖礼，作为颁奖嘉宾，那会儿我兴奋呀，开心呀，穿着礼服坐在那里等了一整晚，心里的颁奖词已经更新好几轮儿了，那会儿没助手没经纪人，一个人坐在那里苦等，一晚上等呀等呀（来，预备，唱：等等再等啊等，该发生的没发生，我等等等等呀等）。

结果他们安排出了问题，当然也因为我没什么名儿吧，被忽略了，等到最后散场也没有叫我。

真的很尴尬很尴尬，结束时我穿着礼服自己走出去，也没人注意我，我也没去问工作人员为什么会这样，因为我心里明白着呢，如果你有名气有背景是不会这样的。算啦，你一个小演员，人家邀请你来这大场面就不错啦，凑个热闹，感受感受呗。

不管是安排流程出了问题，还是因为不红被忽略，与其埋怨别人忽略了你，不如把这个经历当做让自己努力的动力。

我当时打车到了东直门，边吃火锅边跟朋友们吹，哼，真别让我红，等我红了就真的麻烦了。朋友问我怎么麻烦了呢，我想了想，咬咬牙继续吹，等我红了我去参加活动，绝不坐台下等，我坐台上等，我前呼后拥全是保镖，谁都不能靠近我。谁敢忽略我欺负我，保镖到他前面一站，一个二个全傻，都过来跟我跪着赔礼道歉。

朋友们又问，还有呢？我想了想说，还有，等我红了我就不能这样随随便便穿着晚礼服跟你们几个人来这里吃火锅啦。

朋友说少来了，你这性格，你红了一样能穿晚礼服来吃火锅，行了，别吹了，菜都煮老了，啥也不好使，赶紧吃吃喝喝起来。

其实现在想起来也对，不管以前没名儿还是现在有点名儿，我随意的性格还真改不了，不过自己觉得还挺自在。

说到保镖，想起有一件超级无敌尴尬的事，哪说哪了哈，那会儿我还是主持新人，我帮一个品牌做火到嗨的周杰伦巡回见面会。

活动结束后回到宾馆，我卸完妆准备去大堂一趟，出门见到几个保镖在旁边站着。我一想主办方也太贴心了，我是个新人，也没有什么人认识，虽然很感动，但真的不需要。于是我走过去跟那几个保镖说，大家辛苦了，你们回吧。

那几个酷酷的哥们儿惊讶地看着我，我大气地说真不用了，你们回吧。

他们说不对呀，周杰伦还要出去，工作还没有结束。

我一下反应过来，哦，你们是周杰伦的保镖呀？那，那你们怎么在我房间旁边？他们往旁边一指说，周杰伦就住这里呀。

我一看，就在我旁边隔一个房间。超级无敌尴尬！

我立马发挥主持人的本领化解说，哈哈，开个玩笑，问候一下你们，辛苦啦哈哈，说完赶紧冲进自己房间。

我当时决定把事儿烂肚子里，不过谁没尴尬过嘛，特别是我，只是，这个真的也太尴尬啦。

其实，我一直就是道儿上的

我还有个优点就是胆子大，临场反应能力强，可能因为小时候都跟男孩儿玩儿的缘故吧。记得之前才到北京，仗着自己光脚的不怕穿鞋的，爱谁谁的态度，什么都不怕，横冲直撞，杀出一条血路。

说真的，因为是新人没背景，爱欺侮你的人还挺多的。

记得有一次我去见导演，就是剧组需要演员，主演早定好了，其他的演员由副导演见。我走进剧组的招待所，一位自称副导演的人坐在里面。我把简历递上去，他一看就皱着眉头说，你这不行呀，没什么基础呀，又不是电影学院、中戏毕业的。

我说哎呀，不是这种大学毕业的好演员多的是，而且我好学，学得快。他上下打量了一下我，说，你转一圈。我思考一秒钟后转一圈。导演又问我是什么星座血型，我觉得奇怪，跟这有什么关系，他说根据这个也能判断能不能演戏，我就如实回答了。

他又问，你一个人在北京住？

我一下蒙圈了，觉得不对，心想，大哥，闲得没事儿跟我这儿寻开心是吧？就算星座跟演戏有关系，我是不是一个人住跟演戏有什么关系呀。一副把我上下打量的坏样，好吧，你闲得吧，我就跟你闲编吧。我回答说，还有个姐姐，跟姐姐住。

他又问，姐姐是干吗的，也是演员吗？

我回答说，是公安局的女警察，专门抓你这种坏人的。

那哥们儿笑容凝固在脸上。我酷酷地，招呼也没打，转脸就出门儿了。我想那哥们儿能傻半天吧（现在想来我也是稍显幼稚啦，不过当时觉得自己超级酷。其实我相信新演员或找工作的朋友一定经常会遇到这样的怪事吧，真不要给这种人脸，但是咱一定要有谦虚的态度，咱是正大光明来找工作，行就行不行拉倒，别把他当根葱，通常这种把自己当根葱的都是管不了事的，别上当，女生自己出来闯保护自己很重要）。

那会儿我一个人刚在北京闯，多数是用的恐吓坏蛋这一招，嘿，真的管用，还真没失手过。看来坏蛋都心虚，宁可信其有，不可信其无啊。刚开始拍戏，因为是新人，老是被剧组的工作人员中的小人欺侮。我一点不害怕，反而因为这样，充满斗志，对抗敌人。虽然招数很幼稚，包括装老大的女朋友，递点恐吓信什么的，把他晒的裤子剪几个破洞之类的（后来敌人真被吓着了，认错了，十几年前就喊我娜姐，哈哈）。

现在想想，也在纳闷那哥们儿傻呀，老大的女朋友来演丫环，自己拿包拿椅子吃盒饭？所以这种烂招数千万别学啊。你要真遇聪明人了也行不通，反而自己还吃亏呢。

还有次坐了一趟不靠谱的出租，司机故意绕了我一大圈（我知道有太多好的有素质的司机，但是真的也有坏司机呀），我看着数字不断往上跳，急得我呀。我坐后面，代表正义也主要因为心疼人民币怒斥他，说他这样绕路我绝不会给他车费。

他见我一小姑娘，就吼得比我还大声地恐吓我，说快给车费，要不然就要抽我。那大个儿一抽我肯定脸得肿吧，我当时确实很生气，但也确实吓着了，谁不怕挨揍呀。

我当下急中生智拿起电话，假装拨号，对着电话先把司机前排右边的工作号报了出来，然后冷静地对着电话说：让雄哥找十个人来，我们刚好在你们附近（看古惑仔学的，哈哈）。

那司机一听，嘴里还是骂骂咧咧，但明显软了很多，骂的是“你给我下去，你现在就给我下去，我不要你的钱了”。

我刚一下车，他一溜烟儿就跑了，我也反方向跑了一路，当时吓得够戗。现在想想那个场面挺逗，两个口出狂言的人都吓得在往两个方向逃跑（当时边跑边想，谢谢雄哥，我临时取这名儿取得不错，够霸气，有杀伤力，哈哈）。

我们总是会遇到各种各样的人和事，我很早就知道不要老等着别人来照顾你，有时不一定能等到，所以你首先得学会照顾自己。

我一直觉得自己的生存能力是相当强的，这也是身边朋友佩服我的一点哦。嗯，不娇气，随遇而安，适应环境的能力强，这也是容易快乐的一个原因吧。不过这样也容易让自己越来越像男生，男生会觉得你跟他一样，会容易忽略照顾你，也不是好事。所以说所有的事都有两面性，怎样去调节，就靠自己慢慢成长了。

耍呀耍呀耍大牌

“耍大牌”是很多艺人都被贴过的标签。

有的，是有的；有的，是没的。

因为跟很多艺人朋友聊过，做演员也好歌手也好，做节目、宣传的主要目的就是要让节目和作品被更多人熟悉和喜欢。

跑宣传其实是很头疼的事，一个城市接一个城市，每天听同样的问题，回答同样的内容，只为宣传作品。无奈的是，我们暴露在镁光灯下的同时也遇上了红外线，被穿透了一万遍啊一万遍。

工作之外的东西也被充分地展示在大家的面前。展示的可能根本不是自己的性格和事。但出来的访问宣传文章多以私生活为标题，转移了重心，有时真的觉得对不起辛苦创作出来的作品和其他合作者。

所以宣传对很多艺人来说，其实是一个枯燥的极耗费精神加体力加意志力的活儿。艺人离开家辛辛苦苦出来宣传，想把最美好的一面展示给大家，不是让所有人看自己不好相处，看自己黑脸，看自己发飙。再不开心的事我通常都会笑着面对记者。当然这也是应该做的相互尊重。

记者们通常和艺人都是一面之缘，无冤无仇，也不会没事去写艺人不好。

我老是觉得不管做什么工作，等到有一定资历，或者老了的时候，回忆说自己帮过多少人比说自己毁过多少人更有意义，会让自己更有成就感。

我现在的感受是当看到一个采访的重点是在作品上，很正面，我就会很感动。

排《十三角关系》话剧期间接受过几家很棒的媒体的专访，看到这几篇文章出来，对作品很尊重，很认真地在听我说话，在了解我的想法，我很感动，马上打电话给话剧这边的工作人员跟他们联系，一定要替我感谢他们。

每个人都想做好自己的工作，所以大多数媒体和艺人的矛盾中间都存在着沟通误会和角度不同。

每个人都会站在自己的角度和用自己的潜意识去看问题，就算夫妻、亲人之间都会有不同想法，何况是工作关系，也许还是初次见面的艺人和记者。

相互理解，也许就会避免误会，当然也有纯为畅销，为点击，不管真假，故意杜撰。有时负面新闻好像会比正面新闻更赚眼球，不知道从什么时候开始，也许一直就是这样吧，我发觉得要比较晚吧。开始想不明白，现在完全能明白了。

得到的越多，就会承受得越多，不过只要是靠自己一步一步努力得来的——这些步子可以是小步，也可以是大步，可以像蜗牛，也可以像刘翔——就这样自己走着、跨着，不管旁人说什么。面对鼓励和欢呼收下并分享；面对批评去接受并进步；面对诽谤和不实报道，要不彻底不理会，要不微博调侃几句，要不就笑笑吧。

曾经我也被说耍大牌，开始有点想不明白，就去买了一副很大的牌。

也和自己的欢型品牌的设计师一起设计了一款耍大牌卫衣，半开玩笑半认真地说：我不懂什么叫真正的耍大牌，正式耍一耍感受一下耍大牌的滋味——开个玩笑而已啦。

关于耍大牌，记得一次在某地作电影宣传，采访挨个儿排下来。因为时间关系要赶飞机，最后剩下两个平面专访改成一起访。由于时间赶，工作人员一直催快一点，那位记者没有专访已经不太高兴了，再加上她在旁边用手机悄悄拍了一张我放松半蹲沙发上的照片，被工作人员看到，请她删掉。说要拍应该是摄影记者拍。

她说不会放报上，自己私藏，可能工作人员和她一来二去语气重了些（当然，这些情况当时在接受采访的我都不知道）。

第二天大标题——谢娜“耍大牌”：说好的专访不是专访，一工作人员不让记者拍照。

当时我就蒙圈儿了，赶紧了解了情况。虽然标题是写我耍大牌，但文中写的是我的工作人员。

过后客观分析，因为记者和工作人员站在自己的立场看问题，所以出现矛盾。这样的矛盾出现，推到最前面的当然是艺人。

但是在这里我还是要对那位记者说不好意思，让你等那么久，专访变合访。还有那个照片如果只是想自己留着，我代工作人员向你赔不是。真心希望以后类似的误会越来越少，工作顺利，互相理解，皆大欢喜！

一千个人眼里，可能会出现一千个不同的哈姆雷特。总是顾忌别人的说法，那只能束手束脚，战战兢兢，如履薄冰，说不准扑通一声，就掉进冰窟窿里去了。

每个人都有自己的角度和看事情的方法。任何人都无法要求所有人对自己持好的看法（你再高富帅，也有说你穷矮丑的）。

除非你有魔法，才能在魔法有效期内让所有的人对你看法一致地好，除此之外你会念菠萝菠萝蜜都没用（我没有宣传，这歌已经是世界名曲啦，哈哈，来，唱起来，菠萝菠萝蜜，菠萝菠萝蜜，带我去，带我去）。

难调的众口，不是伤口，只需要一张“创可贴”就能妥帖地搞定：不勉强别人，不是非要争个你对我错。这样对自己和对别人都是一种善待，是熄灭一件事情成本最低的，消除误解的高效方法。

这些情况不仅是公众人物的“特殊待遇”，人人平等嘛。

大家在生活中，每个人可能体会出的答案都不一样。这是生活给人生奉上的调味料，不然老一个味，时间长了你不腻味？

这么想想，问题就变得简单了。吃惯了糖，来俩苦瓜也是别有味道啊。生活中有很多矛盾存在，公交车上、单位里、家里都可能遇上所谓的“矛盾体”，有相互理解的心最为重要。

理解别人的同时，也不用太在意别人怎么看，因为别人角度不同，不要因此苛责和怀疑自己，相信自己很重要哦。

相信，是一切好事的开始！善良，也是一切好事的开始。

故事里的事，说是不是，不是也是

狗仔偷拍的目的，是为了得到第一手无比生猛的“猛料”，吸引大众的眼球。只可惜的是，有些料大多是掺了苏丹红的，红是够红，可是毒性猛烈，看上去光鲜明艳，馋得人口水直滴，可“毒性”大过唐家祖传的含笑半步癫。

有人说，身为公众人物，让别人拍，是你们的义务，别人拍是别人的权利。

这种说法OK的，但我觉得，可以编、编、编花篮，不能编、编、编故事呀！

我跟很多被偷拍的女艺人交流后发现，通常狗仔拍很多照片，最后选来让大家看到的都是眼睛在眨的过程中最无神的那一瞬间，五官最不在自己本来位置的几张，配文会写尽显老态或者是不化妆吓死人之类的话。

如果有另一半在旁边，两人开心聊天，就叫“秀恩爱”；或者选双方没说话各看一方的照片，配文字：貌合神离。如果两人是各自跟朋友在一起玩或谈事，通常会配：撇下对方，男方跟神秘女子或者女方跟神秘男子约会。

有一次我和何老师还有我们共同的造型师朋友谢昕老师走在街上，我们还开玩笑说，如果被狗仔拍到一定会写和神秘男子逛街。

这话说不得，过了几天照片和八卦新闻出来，标题：谢娜和神秘男性友人亲密逛街！

有年中秋，我和弟弟到超市去买月饼礼盒，准备寄给四川的家人。结果一路被跟拍。

后来照片在报纸新闻和网站上出现。有在超市选月饼的，还有搭着我弟肩膀的，还有一张我上车前抬起帽子，眼睛有点痒，揉了揉眼睛，在眨眼过程中半睁开的。

这新闻做成：谢娜孝顺为家人准备月饼欢度佳节，好不好？我觉得这样更有意义，更美好。

结果新闻标题好像是——中秋前夕，谢娜和神秘男子亲密逛超市购月饼，双眼无神（我囧哩个囧滴）。我弟就这么被伦家整成神秘男子。

这还不算什么，更不靠谱的多了去了，真是不编不知道，娱娱更健康啊。

首都机场通常潜伏着狗仔，我老看到，一个黑衣“大格葛”，在远处晃到一根柱子后，然后趁你不知不觉时，晃出来，以迅雷不及掩耳盗铃10G光纤传输未能及的速度，就摸出“凶器”——用摄影机录下视频，用照片的话就截屏。各种闪各种偷拍，其实这一切躲闪我都看在眼里，好像搞笑电影片段哦。

我们决定跟狗仔来个正面接触。一次我跟杰哥开车刚出来，就发现了有人偷拍。他说：“你等着。”就拉开车门下车。看他大步走过去，我也跑过去，他堵前路我堵后路。

杰哥问狗仔是哪里的，他如实说是什么周刊的，他们老在这片儿蹲点，还供出说还有其他好几家狗仔每次都一起行动。

我们问其他的人呢，狗仔说我们刚才去拦他时，其他人在旁边装路人溜了。

装路人？大哥们都是表演系的吧。

我当时拿着手机对准他不停地拍了起来。偷拍者显然有些蒙了，躲闪地问干吗拍他。我说一是让你也尝试一下不想被拍又硬要被拍的感觉；二是你拍我那么多次我拍你一次也不算什么；三是你如果删了就算了，如果不删你发我的，我就发你的照片到微博上。

他一个劲儿地遮挡躲闪，最后实在没辙了，当着我们面打了一个电话给老板，最后老板同意他删了。

其实说实在的我也觉得这是他们的工作，他们也挺辛苦挺不容易的。

我想坚持我的生活，做一个快乐的，也能带给很多人快乐的人。我不要因为成为艺人，会被偷拍就改变自己的生活，放弃逛街，放弃跟朋友吃路边摊，放弃自己喜欢的事。每天各种打扮，各种明星妆容，NO，生活简单，随性，爱素颜，绝不会因为无处不在的偷拍而改变。

艺人儿艺人儿，普通一人儿

我很庆幸可以做我喜欢的工作，过属于我的简单的生活。就跟生活中的你们一样，除了工作状态和性质不同，在日常生活里，我也同样喜欢简单。也许你偶遇我，你会觉得我是相识多年的朋友（也许曾经在你感到伤心、难过的时候带给过你快乐）。

对于衣着也许我身上名牌还没你多，也许我上衣还比你便宜一百块钱（哈哈）。如果以part、时尚、名牌、排场来衡量，我根本算不上明星。我总结了一下这个情况，可能来自我的贪心，就是又想做自己爱的工作（虽然这个工作让我成为所谓的公众人物），但我又想过自己喜欢的简单生活。

我从小在一个小县城长大，喜欢无拘无束不做作的生活。当然不是说公众人物的生活就做作，只是会因为其他人的眼光，以及所谓的讲究，有些“做作”是应该的，但别人的目光在我这里杀伤力没那么大。

十年前的朋友见到十年后的我，会觉得除了比以前有了些名气，行事靠谱了些外，其他完全没变化。有时狗仔拍到我，没啥写的会形容我穿得不像明星，或者说像个普通人。狗仔朋友，穿上那些演出服是因为我要工作，我穿得随随便便舒舒服服是我的生活。

我私下就一普通人，真觉得很对不住你们耗费时间来跟我，回吧回吧都。

明星相

想起之前我翻到一个时尚杂志上面采访别人的文章，有一位时尚记者问过一个至今觉得看到的最肤浅的问题：你有没有觉得自己很不像明星，有没有怪自己没有明星相?

话说有明星相的意思是长得像刘德华，还是金城武？是真的要长得像“明星”才能成明星吗?

千万别误导大家啦，其实明星没有那么远，谁都可以是明星！

记得快乐大本营曾经请过一位农民歌手，穿着军大衣，在田里放声歌唱，一路坚定地追求梦想，去年还上了春晚。他有他独一无二的风格，不怕旁人打击嘲笑，一直执著地努力着实现梦想，他就是明星，就这么简单。

快乐源于善良，要学会看到更多好的美的，值得自己去学习进步的东西。

分享一个小故事：

有个女士多年来不断抱怨对面的太太很懒惰："那个女人的衣服永远洗不干净，看，她晾在外院子里的衣服，总是有斑点，我真的不知道，她怎么连洗衣服都洗成那个样子……"

直到有一天，有个细心的朋友到她家，才发现不是对面的女人衣服洗不干净。细心的朋友拿了一块抹布，把这个女士的窗户上的灰抹掉，说："看，这不就干净了吗？"

原来，是自己家的窗户脏了。人看到别人的缺点，不值得骄傲，值得骄傲的是能够发现自己的不足。

放轻松

我曾经唱过一首歌叫《简单快乐》，快乐也源于简单，来源于好的心态，还来源于"放轻松"。这几个字是《暗恋桃花源》里的台词，也是我在心情很糟很烦乱的一段时间赖声川老师经常跟我说的，真的很受用。

我和我家张先生每次给自己放假，外出旅行，都是简单T恤，背着背包坐地铁赶公交车，用流利的英文跟当地人聊天（当然都是张先生聊啦）。我如果是在国外就很内向（因为老是用肢体语言真的很累）。

有时我们会被认为是出来旅行的学生（这个我很开心哦，特别是有一次想开开眼界，被拦在澳门赌场外那一次，门卫说未满十八岁不让进。你知道我心里有多开心，真恨不得跟他说，对不起叔叔我错了，但是因为没去过赌场，好奇心还是让我掏出了护照，哎）。除了工作原因戴着所谓"光环"，在这之外我们只是一对一起努力、彼此加油，出外旅行"灰常"节约的普通小夫妻。

这样的生活让我们自在，这样自在才会让我们在工作中寻找到更多的快乐，减少了工作带给生活的压力。

人被很多虚幻的东西挡住视线，很容易看不清楚前路而迷失自我，也许突然有一天你会明白，看轻自己，看清楚自己，丢掉不重要的包袱，就会真的轻松洒脱和快乐。

人要活得自在，尤其不能有包袱，有压力的时候就要宣泄出来。其实找好朋友聊天倾诉，或者去嗨唱一晚的KTV，追部好剧，特别推荐旅行是很妙的解压方法。

请让我来帮助你，就像帮助我自己

真心希望认识和不认识的人之间多一些理解和帮助。有一个小测试：当你在路上不小心和人碰了一下，你转过头直接反应是先皱着眉头说“干吗”，还是先友善地回过头说“抱歉”？

友善对待别人，帮助别人，你会有好运，也会不知不觉得到快乐。

看到太多遇到别人危难却事不关己的事。

记得有一件事给我印象很深，某城市有一个中年男子要跳楼，下面很多围观的，看热闹的，还有笑的。

这时有一位断腿的乞丐，跪在地上朝楼上喊：大哥，不要想不开，你让我上来给你说说我的遭遇，我比你不幸多了，可是我从来不会想结束自己的生命，我们都要好好活下来呀！

后来那个跳楼的大哥放弃了跳楼。不管是不是因为这个乞丐，在那个时刻，围观群众那么多，只有这位乞丐出来喊出这样的话。

也因为那样的举动，这个乞丐红了，很多媒体争相采访，相关单位也把他接到条件很好的地方生活。多好多圆满的结局呀。

可是事情并没有结束，随之而来的是更多的舆论压力，有的人说乞丐炒作，有的人说他别有目的，有的人说他是在演戏。

乞丐听到这些后，说：我不明白人们为什么这么说，我当时那么做只是为了对得起我自己，我残疾没有能力工作，我是乞丐，但我也有尊严。

后来他离开了相关机构安排的可以让他生活得很好的地方，又重新回到街上去乞讨。

现在和以往不一样的是，偶尔有人认出他是那个被报道过的乞丐，会对他态度比较好，会礼貌地问候和关心他。

我看到这个故事后，好想问问那些只会在旁边看热闹，张口闭口说别人炒作的人怎么了?

冷漠是从什么时候开始的，又是从什么时候开始做好事比不做压力更大，是什么让帮助别人这件事会在很多人的心中开始犹豫?

还记得有这样一个故事：一场激烈的战斗中，一名上尉忽然发现一架敌机向阵地俯冲下来。照常理，发现敌机俯冲时要毫不犹豫地卧倒。可上尉并没有立刻卧倒，他发现离他四五米远处有一个小战士还站在那儿。他顾不上多想，一个鱼跃飞身将小战士紧紧地压在了身下。此时一声巨响，飞溅起来的泥土纷纷落在他们的身上。上尉拍拍身上的尘土，回头一看，顿时惊呆了：刚才自己所处的那个位置被炸成了一个大坑。

也许这只是个故事，也许这只是个巧合，但是，很多时候帮助别人就等于帮助自己，同理，伤害别人的同时，你其实也等于在伤害自己。

老是嫌弃别人，找别人缺点，瞧不起别人，看什么都不顺眼的人，通常是自己都瞧不起自己的人。

而老是帮助别人，鼓励别人，看到别人优点的人都是自信、努力、优秀、快乐、阳光的人。这也是我们在寻找快乐的路上应该学习的。

娜些……努力的过往

chapter 02

干吗为难自己，走起来

自己为难自己分两种：

一种是做不到，自己非要去做，哪怕到了黄河，扑通一声跳下去淹死，连个泡儿都没有，撞南墙撞得头破血流也要继续（你说这得多冤枉）。

另一种是你其实能做到，可自己却一直告诉自己，这么苦，这么难，我真的做不到。于是你放弃，再于是，命运就偷笑着放弃了你！

想起刚来北京的我，当时坚定地想当一名演员，我那会儿的偶像是巩俐和宋丹丹。我都会模仿她们表演的段子呢，那会儿在学校我还经常表演给同学看。巩俐的戏我最喜欢演《秋菊打官司》的一段：额奏使要颌舍法（我就是要个说法）。

宋丹丹的就是那段口音：俺叫况洗妹，年龄二十四岁，家庭住址不大好说，说安徽算安徽，说河南算河南，在河南南在安徽北，但总的来说还算安徽（后来我跟丹丹姐家聚会时表演，被她一顿嘲笑）。

哇，我记得好清楚，哈哈哈。那会儿表演欲极强，随叫随演，所以到北京就想考一个专门学表演的学校学习，为日后拿影后打下坚实的基础（你能咋滴我，谁没个梦想呀哈哈）。

可是，可是，我没考上。

但是，但是我不服气，所以那会儿我逢人就介绍说我是中戏的，一般都介绍简称，因为全称是：中江马戏团的（补充介绍一下，我家乡叫中江哈），或是介绍说我是北电的，全称：北方电工机械厂的（吹牛不犯法，你能咋滴我）。

那会儿没考上，其实以我的性格我一定会继续考的。

可当时的我放弃了，最大的原因是那会儿家里经济条件困难得根本不可能承担得起北京的学费和生活费，虽然爸爸帅气地跟我说过很多像电视剧里面又有爱又感动又悲情的台词："如果女儿考上了，我卖血也要供她上学。"

能不能考上是一回事，我确实很想证明自己可以，信心满满的我没有考上，有些泄气，同样也松了一口气。虽然我不知道以后的我会怎样，但是我当时想，上天这次的安排一定是提醒我，不要让辛苦的爸妈再为钱的事发愁，让当时困难的家境雪上加霜。如果考上的话，四年的学费加生活费该怎么办，抛开当时家里的困境不说，爸妈一个月工资加起来才一千多呀，也许我中间会因为学费问题退学，或许，幻想中（刚进校就接了一部戏，成为影后，我穿着小短裙，戴着小红帽挽着狼外婆，穿着高跟鞋，登上金光闪闪的奥斯卡领奖台，用流利的法语说着感谢词，感谢中江马戏团，感谢北方电工机械厂，感谢我们家邻居大牛子黄毛小鸭子……喂喂喂，什么乱七八糟的，说正事呢）。

好吧，说正事，放弃吧，不再继续考下去了，学表演不一定非得到北京的几个大学院学习啊，聪明的我会自学成才。想到这点我就真的大开心，我打电话给爸妈，告诉他们没考上的口气都是像中奖了一样。

现在再回想，假设我当时为了自己的执著坚持继续考学，也许继续失败，也许考上了。看似一件大好事，可是北京求学的几年一定会是之后我和我爱的爸妈都不愿去回首的艰苦日子。我很庆幸我没有考上，也很庆幸我接下来对考学的放弃，更庆幸那时小小的我的小小决定（我总是可以，或者说有这样的能力，就算在最不好的事情里面也能找出一点最让自己开心的理由。其实这个很重要的，因为现在很多人都习惯在最开心的事情里面感受最不开心的一点，让自己不舒服，让自己心情不好，这是真的在为难自己也为难身边的人呀）。

酒“疯”知己几杯多

说到我爸，我想起一件来北京考学之前的糗事。当时我从成都来北京，决定要来闯荡一番。其实我在成都已经算有了那么一点点的成绩，起码成都圈子里已经有很多人认识我了。朋友们说，你别傻了，北京藏龙卧虎的，你重新再来，太难了，太冒险了。

我很坚持，其实当时内心里还有一个依靠，那就是和一个好朋友一起约好去北京发展。能够依偎取暖，遇到事情大家群策群力。天塌下来不是还有个高的顶着嘛（她确实比我高，哈哈）。

一直等到出发的前几天，她忽然告诉我，她不想去了。我问为什么。她说，她感觉，北京是一个模糊的、未知的世界。就像人走在黑暗里，什么都看不清楚，得拿手摸索着，一点点地走。

北京到底是什么样子，谁也不知道。很多在北京漂过的朋友大多数人都在抱怨北京如何辛苦，竞争如何激烈。住地下室盖报纸，最后很多人选择离开了北京，再也不回去。这些经历让很多还未尝试的人放弃了。

她问了我三个问题：我们去北京，会遇到什么？能过得怎么样？有什么计划？

我想了想，想描绘一个特美特美的画面，可是眼前一片空白。

我兴奋地张了张嘴，又沉默了一下，回答了三个字：不知道。

最后我的朋友决定留在成都了。她觉得起码还有份稳定的工作和收入。

我表面说好吧，其实心里真的难过，你知道两个人一起去一个陌生的地方比一个人去一个陌生的地方，那种安全感要多一万倍。

甚至我也在考虑是不是放弃，因为那幅憧憬的图画我自己也没有画出来。

可是我不知道为什么，就是因为画不出来，我更加好奇，想要去试试。

我知道我说服不了她，就提出我们一起吃个饭，喝点，算你提前送送我。最后谁都没控制住，一起喝大了。

可能我们借此释放我们各自的心理压力吧。她是关于她亲自熄灭自己梦想的无奈，而我是舍不得她，同时被酒精放大了我心里对未来的恐惧。

饭吃到最后，我们抱在一起，开始哭，狂哭。还狂唱可以释放感情的歌，比如《征服》《剪爱》，想哭但是哭不出来（记得去年那英、张惠妹来上节目，我真的对她们超级有感觉，因为唱起很多歌都是那时经历的一种回忆啊，现在每次唱起来回忆起来还想哭。我想这就是一首好歌的魅力吧，不管多久，当你唱起它，就会想起曾经的自己。嗯，那个，现在你们唱起《菠萝菠萝蜜》会不会想起曾经的自己呀，你一定会回答：OMG，我还是把曾经的自己忘了吧！哈哈哈哈哈哈）。

不知道唱了多久哭了多久，有点迷迷糊糊地记不清了，她已经睡过去了，我话痨附身，又没人跟我聊，稀里糊涂地拿了电话，想给我爸打电话。

电话一通，我就稀里哗啦地连哭带诉说。我真的忘了说的什么，大概就是诉苦，说我最好的朋友不去了，我很难过之类的，我怎么通话结束的我都断片儿了。

第二天醒来，酒劲一消，头还晕乎乎的，整个人想起昨晚的事，顿时大脑死机。现在电话打了，委屈也发泄完了，我爸肯定已经在来逮我的路上了，心里那个忐忑啊（预备，唱：呀依哟依呀依哟依哎呀）。

这时候手机一响，我吓得一个激灵，唯恐是我爸打来的，咱这会儿还没备好应对之策呢。我硬着头皮接起电话，正准备狡辩。

对方一开口，是我一个很少联系的同学。

他上来就问我："谢娜，你干吗呢？昨晚上你撒酒疯吧。莫名其妙突然打个电话来，开口就喊我爸，连哭带唱跟我说了一个小时，还不让我插话，你没事吧？"

我一听给我乐得，妈呀！昨晚电话打跑偏啦，打我同学那儿啦。

我说不好意思不好意思，接着就是我在极度恐吓放松后失控的狂笑。

他也乐了说，我说怎么我一下就多出这么一大闺女来（预备，唱：好爸爸好爸爸，我有一个好爸爸）。

谁也别打击我，除了我自己

我一直对未知的生活充满了乐观的态度，放弃继续考学之后，就留在了北京开始我的追梦旅程，自学成才的日子开始啦。

面对失败，我从来没有想过这跟我的能力挂钩，从来没有不相信自己，或更确切地说不会因为这一次打击而不相信自己。因为人要成长必须经历一次次的打击，有的人在这一次次中被打趴下了，有的人越战越猛，充满斗志，勇往直前。

我看现在考艺术学院的人真的好多，但考不上的是多数，这多数人里面有太多很棒的同学，不要因为这次落选就对自己失去信心，有梦想就试着去努力。

没有人有资格说出“你不行”这三个字，只有你自己能说出“我不行”。

当然，有的人适合走这条路，有的人确实不适合，自己努力之后，实在不行也不要太为难自己呀。包括很多高考的同学，可以努力，但千万不要有太大压力，不是你考不上就一无是处，虽然说能考上理想的大学真的很棒，但是如果没有考上也有其他的路成才，三百六十行，行行出状元啊。

哈哈，不是娜姐教大家不努力，只是告诉大家一定要放松，不要有太大压力和包袱。还有考英文四六级的同学，每次考试前看你们在我微博上留言说“压力好大，考不过怎么办”。我告诉你，考不上你也是一位合格的Chinese people（唱，五千年的风和雨呀藏了多少梦……我们都是中国人），嗨起来跳起来唱起来。

我考学失败，接下来的日子，就自己当自己的经纪人兼助理，有工作就接，不管大大小小，每一个工作都是在学习。跟上学不同，我边学还能边赚钱减轻父母的负担嘞，这对我来说，一点不遗憾。

我想我是“害”

我那个时候优点就是略微“丰满”。有个老师说这个简历上的人是你吗，不是你撕谁一照片贴上的吧?

我说那必须是，那是我一年前拍的。我没事撕别人照片玩干吗?

他说，你现在怎么胖成这样了。

我一听就知道，得，没戏了（我就不信了，发育时谁不长胖啊）。

于是，我总结失败的几个原因：1. 个人条件，太胖；2. 永远睡过头，没有时间观念；3. 准考证丢了，丢三落四；4. 那会儿我走的是，我走的是，别笑我哈，我走的是纯情玉女风，选错路子了。

哈哈，还有，对黄磊老师的阴影也是从那时开始滴。

那天我赶考，坐地铁睡过头，到终点站重新坐回来。坐地铁可全靠自觉，到站没人叫你，我那会儿十次有八次睡过头，坐公交车也是，必须有朋友一起。他们说心大的人逮哪儿都能睡，我可能就是这样吧，经常醒来在好心的陌生人肩膀上流着哈喇子，或者被陌生人忍无可忍地拍醒，再有就是被玻璃撞醒……

说到考学，迟到就算了，准考证也丢了。

本来是第一组，赶上了最后一组，偷偷混进去，看到无比帅气、长长头发的黄磊老师各种激动，最激动的是被他点名了。我激动地站起来，准备跟他对话，结果被黄老师劈头盖脸一顿训，说又来晚又不带准考证，怎么不把自己丢了，说我对待考试太不认真了。我当时是真的想找个地洞钻进去，黄老师别拍我！

自此，在我幼小的心灵留下了阴影，以至于多年后排《暗恋桃花源》的时候，见着黄老师心里还是有那样一份恐惧和传说中的阴影啊。

《暗恋桃花源》排练演出期间，他还是日复一日地盯着我，鞭策我，还定了迟到就罚款的恶毒规定，我觉得这个规定完全是针对我的。

罚款启动之后的第二天，我开车到剧院，晚了半个小时，老远看见黄老师坐门口不怀好意悠然自得地喝着茶。我一顿打战，像回到了当年，不同的是当年只是心里恐惧，这次还要被罚钱。

这件事对我打击更大，说心里话，挨骂和罚款我选挨骂，你使劲骂我吧，但千万别罚我一分钱（川剧准备，唱：我的血汗钱呐……弄秋弄秋赚）。

冰雪聪明的我火速编了个故事准备逃脱罚款。我把车开到黄老师面前，先发制人地说，哎呀我本来准时到的，结果路上遇到修井盖的，我不敢开过去怕撞着修井盖的人，等他们修好了我才过的，所以晚了。为了他人安全迟到不用罚款吧？

黄老师冷眼旁观我的拙劣表演，喊了一声“炅炅”。

何老师手里拿着个罚款箱，上面写着：迟到无理，罚款光荣。

好，算你们狠，合伙来整我是吧，想把我罚穷是吗？想得美，我，我以后再也不迟到了，休想再罚我一分钱。

真的，从那以后，我再也不迟到啦，还真管用。钱钱钱，命相连啊。

哎呀，主要是话剧演出本来就没什么钱，这不悠着点儿会被罚成负数的。反正我就是在时间观念上大进步啦。以前赶飞机经常晚点，现在已经不会再晚啦，多谢黄老师哈哈。

遇到赖声川，遇到桃花源

说到这里就不得不说给我更大信心，看到更多不一样的我，感觉到我有更多潜能的赖声川老师。

五六年前，第一次接触赖老师是他通过我的朋友找到我，说在筹备《全民乱讲》这部话剧。当时我已经收到这个剧本，当时还是略微怀疑中间人在骗我，想赖声川老师是话剧界的大师，怎么可能找我这样一个没经过专业训练的人呢？虽然，我很棒（哎哟，这把自己夸得，我跟你说，自己夸自己是一件很重要的事，特别是在没有人夸你的时候，You know？哎哟这小英语压不住地往外蹦呀，嘻嘻）。

后来这部剧因为一些原因没有开排，我也就没有多想，因为一路以来有太多好机会莫名其妙就没有了，我已经习惯了。甚至有些惊喜来了我宁愿先选择不相信，这样如果不成也不会觉得太失落。

那次中间人联系我之后，又过一年，终于见到了传说中的大师赖声川。这是我们第一次见面，当时他准备在内地重排他的经典之作《暗恋桃花源》，赖老师再次找到我。

我们约在一个简单的咖啡厅见面。赖老师和夫人，也是第一任云之凡扮演者，美丽的丁乃竺女士（确实像剧中形容云之凡的台词：像一朵美丽的山茶花。看过《暗恋桃花源》的朋友一定对这句台词印象很深刻吧）一起来的。

赖老师和我想象中的大导演不太一样，他很平和，不拿腔拿调，不聊大道理。他带了一些介绍《暗恋桃花源》的照片和书。

我认真紧张地翻了一下，红着脸说：“赖老师，不好意思，我只知道这个剧很经典，很多学院学生都在学着排这部戏，我没上过这些学院系统学习话剧，也不知道自己能不能演好，但是我真的很喜欢表演，很想跟着赖老师学习。"

我以为赖老师会让我试着表演喜怒哀乐之类的，或者像很多导演试戏那样来一段儿，可是并没有。

赖老师说之前看过我的主持，很喜欢，放得开，很自然，不做作，有喜剧节奏。

我问赖老师什么是喜剧节奏。

老师说简单地说就是，要演好喜剧内心的节奏很重要，同样的一句话有的人说大家会觉得好笑，有的人说就一点都不好笑。喜剧节奏可以学习，但是最重要的是心里的节奏。

接着老师又问了我一些平常生活和工作的状况就结束了见面。

我内心有点悬，因为连戏都没让我试一段。之后赖老师请联系人告诉我，我是他心中春花的不二人选，期待合作。

我当时真的开心得激动得不知道该说什么。

自从我考学失败，开始做主持人，我自己都快忘了当初来北京我只是想学表演。我喜欢演戏，当然特别是喜剧（这点跟我爸有关，爸爸在家乡演喜剧和创作方言剧是出了名的。跟我爸接触过的朋友都知道，在喜感方面，我跟我爸比，真是小巫见大巫，我跟我爸相比，我就是一个内向的人儿哈哈）。

虽然有时候我们一直在自我鼓励，自我夸奖，但是当真正得到肯定和被看好的时候，开心之余还是会小小地怀疑自己，这种怀疑并不是怀疑自己做不好，是怀疑自己没有别人想得那么好。

当时我是《暗恋桃花源》定的第一个演员，也是第一个被质疑的演员，这对我来说是好事，因为这些质疑让我更加想要努力做好，更觉得要演好春花这个角色对得起赖老师的信任。

我一直以来喜欢即兴主持不背词的，从来没有背过像《暗恋桃花源》那么多的词，最重要的是《暗恋桃花源》的台词与剧情掐得很紧，一句词一个呼吸，都会影响整部戏，所以了解我的不了解我的都替我捏了把汗。我都替自己捏了两把汗。

之前演“麻花”，五十场，每一场台词我都现场发挥，即兴随意。不是夸张，真的没有一场是相同的。

现在看来我确实有些自由散漫，每天都是开演了才赶到剧场，用笔在眼睛上画下睫毛，用手在脸上打两坨红的，就直接跑上台。

搭戏的何老师一转过脸吓一跳，休息时他说：娜娜，你演个鬼不能真的化成鬼吧。

记得有一次开场五分钟了我才赶到，还好前十分钟我还没有出场，远远就看制片人在演出剧院的胡同口僵硬地张着嘴巴满头大汗眺望远方等着我，一看我从出租车上下来差点哭出来。我一下车边往里跑边喊，快帮我给下车费，一边喊一边往里跑。戴假发，画睫毛，跑上台，我就是一直这样随性任意地过着，现在想起来还真的后怕呀。

加入《暗恋桃花源》，我第一次遇到需要这么严谨的工作，我虽然嘴上说我没问题，可私下也担心，但是给我的力量来自哪里？

一是来自于自己对表演《暗恋桃花源》的热情；二是觉得一定要对得起老师的信任；三是来自于一些质疑。

我很奇怪，永远都有一些人喜欢在别人还没做一件事情的时候去质疑去打击。等做完了之后，如果很好，就会装看不见；如果做得确实不太好，就会开心得跳起来像中了奖一样喊着，看到没，我说中了吧，我说中了吧！

其实啊，去挑战的人不管结果怎样都是成功者，因为就算失败了，也会从过程中学到经验，为下次成功打下基础。

我不知道其他人是不是跟我一样，所有人都称赞我，我会飘飘然，但是一旦有质疑有打击我就充满了斗志。所以我暗地里默默地开始发功，很快就先把词儿拿下来啦，然后开始跟赖老师学习，琢磨人物，中间练几个动作时还拉伤了韧带。

有一天穿裤子，觉得一条裤腿特别紧，一比较才发觉左腿比右腿“胖”很多。之前只是觉得疼，没有在意，赶紧去检查才知道是韧带拉伤，有一个本来放后面的高难度武术动作就取消了。

首演很成功，现场观众的热情是对《暗恋桃花源》的最大认可，第二天的新闻多是赞扬的声音，赞赖声川老师决定正确。赖老师笑着说，放心吧，我的眼光不会错的！

时间过得很快，《暗恋桃花源》首演已经是五年以前的事情啦，那次的认可和成功给了我很大的鼓励，也让我更加确定自己，我可以。

花姐的十三角关系

五年之后，我结婚前接到赖老师的电话，说要排《十三角关系》，赖老师说实在想不到还有谁可以来演这个角色，我演他就排。我一听想都没想就说“没问题，我演”。那时我根本不知道是什么戏，什么角色，爽快答应是因为对赖老师的完全信任。而且我知道跟赖老师排话剧不是一个工作，是非常难得的学习机会，这个过程也可以让自己沉淀下来。

当我拿到《十三角关系》剧本，知道自己演花姐的时候我就傻眼了，复杂的变化、节奏、换装、人物心理，这对我来说是极大的挑战，但是和五年前的我相比更有信心，我完全相信我可以做好！

关于花姐这个角色，我和赖老师开玩笑说，出来混，迟早是要还的。《暗恋桃花源》里的春花有一个幸福的家庭，后来为追求新的爱情，抛弃了穷酸无能的丈夫，但结局却很凄凉。赖老师的戏在过程中会让你爆笑，过后又有感伤。老陶从桃花源回到家中看到之前向往的生活却是破败的。只留下无休止的争吵，最后的一声叹息也让观众深思。

《十三角关系》里我饰演一个有夫之妇，“小三”的介入破坏了她的家庭。花姐这个人物是电台的名主持，事业成功，家庭美满，她告诉别人遇到感情的问题应该怎么解决。但自己遇到了问题却完全束手无策。她起先也是想捉奸，但最后却演变成她去找情妇讨教赢回老公爱情的方法，到最后决定放弃一切去追求最简单的爱情。

第一天大家一起对完台本我就已经有把握了，一个月的排练时间，每天大家都在飞速进步，花姐这个角色越来越成型，因为两部剧之间的五年时间里我成长了很多，所以排练的整个过程比之前更加投入，更懂得去享受。我推掉了所有的工作，专心排练。下面是一个关于记者采访我排练时的稿子：

1.《十三角关系》的花姐是一个工作和爱情都走到困境的中年妇女，这样的心境，对如今还年轻的你来说有很大的差别，如何训练和暗示自己走入角色的?

我对花姐的体会，很多是来源于我们排练期间的聊天。赖老师给我们讲他写这部戏时的灵感来源，他在带我们排练的过程中会跟我们分享很多他自己的心得和感悟，帮助我们去感受，去进入一个氛围，让我们相信我们就是这个角色，最后真正投入到角色里。当我进入了《十三角关系》的氛围里，就开始能彻底地感受它。所以起初对台本的时候，我还只是去把台词说熟，但排练过半以后，我真的开始能感受花姐的处境，甚至在搞笑的同时也会涌上一丝的酸楚。剧中花姐为赢回先生的爱情所有的改变，费尽了心思，结果却连方向都不正确。我们排练前后大概四十天时间，赖老师分步骤帮助我们感受、接近人物，最后了解、进入她。我觉得大家能喜欢花姐，真的要归功于赖老师，非常感谢他。

2. 你觉得出演这个人物的难点在哪里?

我觉得这个人物的难点在于人物心情的不断转变，花姐在台上的每一场戏都有不同的心情。另一个困难是，整部戏里一共要换十几套衣服，最短一次的换装时间只有 20 秒。

赖老师的喜剧，绝不只是表面的搞笑。排练中我喜欢即兴发挥，经常能把大家都逗乐，赖老师看了也笑得很开心。但如果它对剧情没有推动作用，只是单纯的搞笑，赖老师是不会采用的。这部戏所有的笑料里都有很多能让你思考的东西，搞笑的同时心里是复杂的感觉。这都需要从排练中去慢慢体会。

3. 排练《十三角关系》和《暗恋桃花源》的时候有什么不同?

排练《暗恋桃花源》是在五年前，那是我脚步很慌乱的一个时间，心里就没有“踏实”这两个字，每次到排练现场都是跑着来的，好像永远都在忙，总有做不完的事情。那个时候总是想要证明自己，证明我可以把每件事情都做好。但其实人的精力是有限的，老是搞得自己很慌乱，也就没有好好享受排练的过程。那会儿赖老师见到我总说的一句话是“放轻松,放轻松”,就是《暗恋桃花源》里我自己的一句台词。就像有天我发了一条微博说，赖老师和我聊起排练《暗恋桃花源》的细节，说起我们一起吃盒饭等一些小细节，我竟然完全记不起来了，很惭愧。

所以这次我是推掉所有的工作来排戏，这段时间和赖老师还有所有工作人员，每天一起吃着盒饭、吃着小零食、喝着咖啡，有时候也会围在一起听赖老师讲他的心得，去感受去学习。这次是我给自己充电的过程，过程是很难忘而且很享受的。

我相信过很多年后再回忆起从排练《十三角关系》到演出的过程，我都会记得很清楚，而且我也会把每一天的感受记下来。当我很享受它，踏踏实实去做一件事情的时候，好像事情也变得更容易，而且我也更有信心了。每一天都看到自己在进步，每一天内心都有新的感受，这感觉很好。

4. 为什么赖声川会说，五年前的谢娜演不了这个角色，但是现在可以，在你看来，五年前的你和现在的你做人、演戏上有什么差别？

五年前我不知道怎样很好地安排自己，五年的时间我经历了很多，虽然现在想起来好像是一晃而过了，但其实内心成长了很多，对人和对事情的感悟能力也不一样了。现在我比五年前更靠谱了，对事情的责任感也更强。

在首场话剧庆功宴上，黄磊老师带来了好酒为我们庆祝，我又害怕又喜欢的黄磊老师第一次那么敞亮地称赞和鼓励我，说我给了他大惊喜，比《暗恋桃花源》时又有了质的飞跃。我好开心呀。庆功聚会时还有一位跟赖老师学习的男导演过来敬我和赖老师酒，说他想要说抱歉，因为之前赖老师定我演花姐时他内心有些怀疑赖老师的决定。

他觉得花姐这个人物复杂，来回变化服装、口音，这戏表面搞笑但是有太多变化和内心的部分，他很担心，因为在他心中我只是一个很开心的大大咧咧的做娱乐节目的疯丫头，但是看完首演他彻底地佩服赖老师的决定。

赖老师说，之前有个记者打电话问，你为什么用谢娜？我反问她我为什么不用谢娜？现在成功的结果是我早就知道的。

我望着赖老师，眼泪一下子下来了，谢谢赖老师看得起我，从一开始就相信我，很感谢赖老师可以挖掘出我更多的喜剧潜能，用《喜剧之王》的经典台词来说：其实，我是一个演员。

十三角关系的爱

当你的生活遇到无数的问题时，你有没有想过逃出去，扮演另外一个和自己完全不同的人？当你迷茫不自信搞不清自己要什么的时候，你有没有盲目跟从迷失自我？当你什么都没有的时候，有没有什么都想要？当你什么都有的时候，有没有希望放弃所有一切归零？

《十三角关系》目前来说是最能发挥我喜剧才能的一部剧，很过瘾，四个人一台戏，老婆、丈夫、女儿、情妇。超过我想象的疯狂剧情，大量的台词，每次换装时间 30 秒左右，几乎都在台上，这让我想到的第一件事就是：上场前别喝水，憋不起呀。

这部喜剧听起来是荒谬的，但其实真正要表达的东西却很值得我们思考。当你忙于事业的时候，你是否能照顾周围人的感受。当你在遇到感情问题的时候，是清醒自如，还是迷失自我？花姐就是完全迷失了自我，尤其当她开始跟情妇上课以后，她每次出场的造型都让人跌破眼镜。但也是这种偶然的“换位”，让她反倒卸下了所有的包袱。打扮成清洁工的花姐说：那个太太，我真的看不起她，我不知道她怎么会把自己搞到那个地步。因为当她是她自己，是花姐的时候，她没有办法正视自己的失败。

这是一部让观众开心爆笑，同时会感到酸楚的喜剧，甚至在演清洁工时我自己都觉得搞笑，观众有很开心的时候，也有内心觉得酸楚的时候。有句台词说：大哥，我平常说很多话，可是我这辈子说的话都没有人真正在听。看似五光十色的生活，其实内心是孤独的，哪怕遇到的只是一个水电工，只要人家是认真地倾听，都会令她很感动。真正的爱情也是这样，是心和心的交流。在爱情中，相遇是种缘分，但有太多东西都会让爱情变味。

这个话剧讲得最多的是爱与被爱，里面有很多令人感触颇深的地方，当然有一点就是当你想要被爱的时候，你应该先去付出爱，因为爱是相互的，你先要认真去倾听对方，去感受对方的心，心和心的交流是很重要的。《十三角关系》话剧中经典台词之一：现在世界上每一个人讲的爱，其实是被爱，所有人都懂什么是被爱，没有人懂得什么是爱，如果我说我爱你，其实真正的意思是我想被你爱……

爱情最初的美好是被什么改变的

花姐在戏里回忆到当年的美好时说：当年，好自然，我们什么都没有，但我就爱他，他就爱我，没有那么多问题，生活上没有那么多细节……人生好简单，好美好！其实每个人最初的爱情都是这样，无论这两个人最后是分道扬镳，还是像平行线一样永远不再有交集，最初都是一样的美好。是什么让这种美好变了味？两个人在感情走不下去的时候，都会说，好想回到当初。如果那些外在的东西都不能影响到你们，你们就会是最终的胜利者。

选了一些排练到演出期间写的微博日记，跟大家在这里分享一下：

今天话剧《十三角关系》第一次丢稿联排，昨晚整晚做梦都在顺词儿，话剧整场的第一句话是我说的，今天联排讲出开场第一句台词时，突然特激动，哎呀小泪花都差点出来……很爱的氛围和感觉，导演、演员、工作人员，随剧情安静的、认真的、快乐的、失落的……是这感觉。

我扮演的是电台名主持花姐，她主持情感节目《花花世界》。我们《十三角关系》北京首演是3月8号，赖导把剧里情感互动热线设定为：54383838。好啦，我必须睡了，小透露一下哦，话剧里有一段我和宋老师要挑战两分半钟的怪舞，练得我累够戗……晚安大家，明天加油！

起床眼睛长了个针眼儿，之前长过，是因为工作化妆多，卸妆油洗脸液老招呼。可这段时间排话剧别说化妆，每天就一套衣服，头发很少洗，脸也能不洗就不洗，这针眼是……懒出来的。

今天排练前去看了眼科，医生说正在发炎不能处理，先开药擦，期间不能化妆，五天后复查，如果能消炎就不用再处理了。时间很赶，在这里再次谢谢医生。赶回去排练，一大声说话眼睛就疼，所以很小心地演。节奏点也会差一些，状态不好，有些抱歉，明天拍剧照，只有戴墨镜了，哎！大家看到墨镜剧照不要奇怪呀！

最近很少来跟大家互动，因为我们排练的剧场没有信号。这招狠，这招对我来说超级管用，不会分心呀。排练结束回到家，吃饭，再把当天的笔记复习一遍，困得睡着了。那天爸爸看我端端正正坐在桌前抄笔记，乐呵呵地说特像我上学那会儿。可不是吗？我现在就是学生呀，我很愉快地享受着每一天，晚安！

当你的生活遇到无数的问题时，你有没有想过逃出去扮演另外一个和自己完全不同的人？当你迷茫不自信搞不清自己要什么的时候，你有没有盲目跟从迷失自我？当你什么都没有的时候，有没有什么都想要？当你什么都有的时候，有没有希望放弃所有一切归零？《十三角关系》排练杂感。今晚第一次带观众彩排，加油！

在保利剧院彩排结束啦，3 月 8 号到啦！《十三角关系》话剧首演的日子也到啦！祝大家三八节快乐，也祝我们的话剧首演成功！PS：今天彩排赖老师加了几个新的笑点，我觉得他在整我们，今晚我笑场了，宋老师从没笑过场的人也笑场了。今天晚上我要把这几个部分消化一下，明天必须忍住，明天加油！

《十三角关系》庆功聚会中，跟赖老师黄老师聊了好多。黄老师带了好酒过来为我们庆功，很开心，很开心。刚才敬了杰哥一杯，排话剧这段时间，他经常一人分饰其他三个角色帮我记台词，每次都很认真地帮我纠正记错了的部分，还会记得帮我提醒笔记记的赖老师说需要注意的部分，明天演出我会继续加油！

第二场结束了，赖老师下午把最后一幕作了新的小调整。今天演到最后一幕，当两个人从一无所有到拥有很多，再放弃一切回到一无所有的时候，我和宋老师对视时哭得很厉害，瞬间感触到很多，对《十三角关系》又有了些新的感悟！明天大家继续加油！ PS：演出时赶下场头撞门上了，头顶一个包，有点痛，晚安！

《十三角关系》第一轮北京演出结束了，真想再连演几场，还没有过瘾嘞！今晚的演出节奏很流畅，赖老师要的点基本都抓到了，但是整体还需要多的磨合。再次叩谢幕前幕后工作人员，还有所有演员，《十三角关系》，注定是一次难忘的旅程，特别谢谢首轮支持我们的所有观众，谢谢谢谢谢谢！

谢娜：上联：戏里斗得乱七八糟 。下联：戏外活得莫名其妙 。横批：十三角关系。

哈哈《十三角关系》中演的那个清洁工川普已经深入我心，这两天主持节目有时也会冒出来，平翘舌有时乱发音，z 和 zh、c 和 ch 这几天有点不分啦，马栏 Shan 说成马栏 san，鸟 chao 说成鸟 cao，唉，调频道，马上改正。练起：四是四，十是十，十四是十四，四十是四十……

关于《十三角关系》我有太多想要跟大家分享，最后还有一幕分享，赖老师很厉害，每场演出之前他都会在拉起来的幕布边上感受当天来的观众，他可以准确地分析出当天看戏观众的反应嗨不嗨。每次中场时他会过来调整我们的整个节奏，每次谢幕之后他一定带我们做的事，就是等大幕拉上之后，我们聚在一起把观众热情的掌声、欢呼声，支持的声音回送给观众和自己要祝福的人，让大家和我们一起分享这些荣誉，让我们下一场轻轻松松重新开始，这个会让我的心很平静，不骄傲。

感谢《十三角关系》，感谢赖老师，感谢这段旅程，今年除了演《十三角关系》外，还要复演《暗恋桃花源》话剧，对我来说，不是工作，是在感受生活。

糖娃娃

小时候喜欢甜食，看见糖就疯了，大家都叫我糖娃娃（来，唱：糖娃娃，糖呀吗糖娃娃，收）。

不知道是不是糖吃多了，小时候老缺两颗门牙，所以家人总为我担心，担心我早早就变成"无齿之徒"。然后老是把糖藏起来，有了好的成绩就奖励一颗。不过，我还是经常能找到，嘿嘿。

记得小时候喜欢吃一种小小的红红的花，我忘了叫什么名字，只记得中间的花蕊特别甜，每次想吃甜的就去找那种红红的花，相信很多朋友都吃过吧（我这也是传说中的采花大盗吧）。除了吃花还会偷黄糖吃，那会儿真的觉得特别好吃，吃得舌头伸出来的时候黑黄黑黄的，还跟邻居比谁的舌头黑。还有偷甜甜的醪糟喝。

有一次喝醪糟喝醉了，头晕想吐，赶紧躺在床上。爸妈下班回来问我怎么这么早就躺床上了，我晕晕乎乎地说，哎呀，有点困，我稍微睡一下再做作业啊，就这么蒙混过去了。

还有次偶然在家里的橱柜中发现了一瓶糖精，跟现在中彩票似的高兴。觉得这下得了，我想吃多甜就吃多甜，咱手里有材料啊。一大口吃进去，哎哟喂，说真的，现在还记得那个味道，真的好苦。

这让我中学时代对于一个词的理解非常透彻，物极必反（戴上眼镜，装有学问的样子）。

谢大胆是怎样练出来的

聊聊刚开始做节目那会儿，那时候的游戏挑战类居多，有时候需要一些非常规的项目和好玩的桥段,其中自然也有不少危险。那个时候,我是现场导演和编导最担心也最放心的人。担心的是我太拼，会不会在节目中受到什么伤害，放心的是，不管是什么样的安排，我都会尽自己最大的努力去执行。谢大胆儿，天不怕地不怕呀（其实我也怕呀，但每次都等到咬牙做完之后才会感受到心扑通扑通地使劲儿跳）。

那会儿青一块紫一块的是家常便饭。有次参加节目，要从一米多高的高台上背对着下面的池子摔下来。我上去之后才真的害怕，那种恐惧不是因为高，是因为未知，可是那会儿的我，字典里没有“退”字——当然现在有，不是退，是凡事不要勉强——我上去之后，脚一直哆嗦，咬着牙，脸上轻松地笑着，其实脸部肌肉一直在抽，一看导演和观众期待的眼光（也许只是心理作用，其实有时候我做不做对于整个节目也没自己想的那么重要啦，只是不做，自己就少了一个露脸和证明自己的机会啦），我咬咬牙，一闭眼，翻了下来。

现场掌声一片，我腿软得快站不起来。很顺利完成那期节目，回到家睡了一觉，早上完全起不来，颈椎部分一动不能动。原来正确的方式是全身紧绷往下倒，我是肩部松了，所以颈椎受伤。那时候好要强呀，觉得跟别人说了丢脸，硬躺了半天，稍微能动的时候起来，打车去了医院。

我的胆子大是怎样练出来的嘞。那会儿做了一个节目叫《综艺新势力》，真心感谢那个节目，因为那会儿我对自己做主持这件事很怀疑。那会儿带我的张蕾姐推荐我去面试，制作人是台湾专门做综艺节目的，之前做过宪哥的节目的Pong哥。他看到我说之前看过我在《快乐大本营》做主持，确切地说不叫主持，是带队游戏嘉宾，其实是没有发挥到我的，他说我是做综艺节目的最佳人选。这个肯定给了我很大鼓励，我又充满斗志，充满信心（我真的很容易充满信心，也许有无数打击的声音，只要有一个赞扬和鼓励都会给我超大的信心，甚至盖过一万个打击的声音）。

那个节目让我找到了做综艺节目的感觉，只是现在回过头去看那些节目，会觉得脸红，有点太放了，说实在我不是太喜欢，因为只有放，节奏感不好，感觉像个很闹的男孩儿穿着裙子在主持，你懂得哈。不过都要感谢这些过程，所有的事情都不可能一步到位的，我很感谢，只是怕回首而已，嘘！

为什么说我的胆子大是这个节目锻炼出来的呢？因为节目里有一个环节叫恐怖箱，就是我和另一个女主持洋洋带着每期女嘉宾，蒙着眼去摸恐怖箱里未知的动物或物体，这个真的很恐怖。我们摸过老虎、狗、猴子、毛毛虫、蛇、面包虫、蛤蟆、青蛙等一切可以想得到的令人汗毛倒竖的东西。

其实我小时候特怕这些。记得上小学时有个男生拿虫吓我，我边哭边痛揍了他一顿，以后班上谁拿这些东西吓女生我也要替她们出气。

没想到我第一次正式主持的节目每次都有这个环节，我也不能揍制作人吧！

唉！每次到这个环节可热闹了，台上的女嘉宾都是哭的哭，叫的叫，乱作一团。另一个女主持环节一开始就开始哭，我得装胆大的呀，可是有时真的怕呀，有时也真的恶心呀，摸着蛇我咬着牙装轻松。

最难忘的是癞蛤蟆，这个我真的摸不得。那种感觉让人无法想象，不骗你，一个礼拜吃不下饭。要问我是怎么支撑下来的呢，说是因为专业精神不太恰当，很大部分是因为看到别的女明星哭的哭，喊的喊，比我惨多啦，我又觉得很好玩，所以这个环节我是又害怕又期待呀。后来，慢慢地，我的胆子就真的练大了。

有一天做节目，我突然发觉完全没怕的感觉了，我可以让蛇缠着我，我不害怕不说，还能跳舞，我可以抱老虎，亲藏獒（这个千万不要模仿，不经处理有危险的）。

我发觉各种不怕的时候，有很奇妙的感觉，不知道是真的不怕了还是已经吓傻到麻木了。不过，通过这个环节我也发觉，有时恐惧来源于未知和没有把握。一把牙刷，它是不可能让人害怕的，但在你的眼睛被蒙住，被人带着去摸，再加上现场配一些恐怖的音乐，导演带动大家发出的尖叫声，很多女嘉宾这时候就吓得哭了。可是，这只是一把牙刷呀，观众就觉得很好笑，这也是那个环节好玩儿点吧。

这跟我们平常生活很像，有时我们本来决定要做的事情，被周围人一吓，就会害怕，就会犹豫，甚至会退缩，会放弃，其实咬咬牙去做才发现，原来可以很简单。

最开始我很讨厌这个环节，到后来有一天我什么都不怕了的时候，我开始很喜欢它。有点小变态哦，看到女嘉宾们一个个被吓哭，一个个吓得发抖，我觉得特好玩儿。我突然想起这和上学时男同学吓女同学，女同学被吓得哭得越厉害他们越开心一样，很邪恶呀。

我怎么有男同学的心态呀，怪不得那会儿大家都叫我假小子，何老师都叫我男主持人。不过有点反差好，要不是那会儿的男人味儿哪能衬托出我现在的女人味儿呀（什么味儿呀，火锅味儿呀，哈哈）？

勤工俭学风云

想起我做过许许多多不同的工作，每一份，都给我带来收获。无论成功或者失败，无一例外。

记得上学时勤工俭学，和几个女同学去当端菜的服务员，真新鲜呀，我们有的同学分大厅，有的分包间，我被分在了包间。我每次端着一盘菜去包间的时候一路上闻着香味儿，特别是在饭点儿，好家伙，口水直流。

有一次实在忍不住了，为了不让口水流到菜里对客人不尊敬，就在路上偷溜到没有人的包间偷吃一块（现在想起来就罪恶呀，所以也有了后遗症，现在去餐馆吃饭总会看看有没有动过的痕迹，哈哈！哎呀，原谅我，那会儿正长身体，我错了，我面壁去）。

记得在那个餐馆工作了一个礼拜，发生了一件事结束了这次勤工俭学。因为一个女同学在大厅服务，不小心菜撒一个客人裤脚上了，她一直道歉，可是没有人理会她的道歉。那个客人还喝多了酒，硬逼她蹲地上给他擦干净，擦不干净不能走，其中还伴随各种谩骂的语言。我们几个同学都看不过去了，气得叫来了老板。老板一来，不仅不帮我们说话，还帮那个客人一起骂那个女同学，语言很难听。我气得发抖，冲上去拉着那个在哭的女同学对着老板喊“我们不干了”。

我们几个很团结地一起往外跑，边跑边想到我们打了一个礼拜的工什么都没得到，经过厨房的时候就一人拿了几个碗、筷子和勺子。

现在想起来很不可思议，那会儿我们几个跟打了胜仗一样开心。我内心也有一种正义小英雄的感觉。

回到家，我妈问我怎么了，勤工俭学这么早就回来啦。

我激动地说，是的。

妈妈问，自己挣到工资了吗？

我说，有（用现在的话来说就是：见证奇迹的时刻到啦）。

我手一抖，从袖子里面抖出筷子、勺子，又拉开衣服拉链，从里面拿出几个碗。

我妈当时看着我拿回来的“工资”，惊呆了。

我还去卖过花，跟另外一个女孩儿，一共工作三天。第一天把人家的扫帚给丢了，第二天把门板弄坏一块，第三天打碎一个花盆。第四天我和那女孩儿一合计，估计这样下去工资不够赔，我们第四天突然辞职了。

美丽的花姑娘只当了三天，不过那三天偷偷学了插花，插精致的小花篮不敢说，那种企业开张用的大花篮是没问题的。

我做过很多这样奇怪的工作，那会儿一点也不觉得苦，反而觉得好新鲜，觉得自己小小年纪已经走向社会了，其实哪儿跟哪儿呀。

不过我觉得做任何工作都会有所收获，要么经验或教训。

如果只把收入当做衡量工作收获和快乐的标准，那么，你一定会不快乐，也会进步得很慢。

真的很谢谢这些宝贵的经历，每一次都会让我成长，慢慢明白要做好一件事不是那么简单，做一件事就应该有一件事的责任。

碰到的每一件事不管好坏，都是在给你新的机会，所有的机会都是自己争取的，其实机会对任何人都是公平的，抓不抓得住就靠你自己啦。

我一直想把所有的事情都做得很好，起码要尽到最大的努力。做一件事情，刚开始一定会被质疑，别人不相信你，而你必须相信自己。一件事情，要么不做，可以选择彻底的放弃；要做的话，就一定要做好。只是想随便做做，你挥霍出去的可能比不做还要多。

做不好你就失去了机会，你付出的时间，与做好是等同的，当然选择咬咬牙做好啦，这个过程中你一定会辛苦，但是生活对我们是公平的，你有多辛苦，就能得到多少的乐趣，一直坚持下来，最后的成功和被认可会给自己极大的快乐和满足感。

娜式……………简单的“疯”格

chapter 03

因为……快乐

当我洗杯子，不小心出现了杯子卡杯子，就是里面的圆杯子卡在外面的方杯子里面再也拿不出来了（别笑，这会儿娜娜很严肃，我是要谈快乐和开心的问题哦），这时候你该怎么办呢?

我会把它们拍成照片发给朋友看，跟朋友们分享。我是想告诉大家，遇到不顺心的事不要自认倒霉，把这些事告诉你的朋友们，也许会变成一件有趣的事。

我心里总有个小算盘在不停地拨动，到底是一个人生气划算，还是一群人开心划得来。如果当时我火冒三丈地想要砸掉杯子，或者把它们丢进垃圾桶，再不理会，也许是另外一种解决的办法。但你这样就会失去一些东西，当然不单单是失去两个杯子，更多的是快乐！同一件事情从不同的角度来看完全不一样，一个角度可以看成倒霉，一个角度可以看成是幸运，其实任何事情都有它存在的原因，我也一直在学习中。

大家都说我很快乐，很容易就受到我的感染（这让我得意也有点困惑，莫非我就是传说中感染力强大的“病毒”吗？不过如果传播快乐也是错，娜姐宁愿一错再错），对生活也充满勇气。

作为“传染源”,哦不,是“感染源”,我想告诉你们一个真实的我，一个曾经有着灰暗颜色的我，你们也就不难理解为什么现在的我总是充满着力量，总是面带欢笑了。

当一个人经历过失去、暗淡、未知的日子，他会更加珍惜美好的生活，甚至是有些害怕失去。也因为要留住快乐和欢笑，从而拥有把握和留住快乐的独特本领，或者用本能来说更贴切。

有时候我们会经历很多难受的事情，但是转念想想能够从中获得些什么，或者转过身去看看背后的风景，没准儿就会柳暗花明哦。

真的希望每个人都能变成一颗散发着快乐和勇气的太阳。那不是整个世界都有了灿烂的理由吗?

那些年，我住过的小房

初到北京，人地两生。不知道你会遇到什么，有没有机会，未来会是个什么样子。

我感谢那时我参加的那个比赛的首都老艺术家协会负责人刘健老师，我没钱时让我先住在西单民航大楼后面胡同里老艺术家协会的五平方米小屋里。

后来我慢慢拍戏赚了点钱，他又帮我找到一处小房子，是他们公司后面的居民楼，就在那个五平方米的房子后面。

记得在一个阳光灿烂的早上，我站在阳台上，刚好看到公司和之前住的五平方米的小屋，我提笔（哦，不准确，应该形容厉害的人或书法家才用“提笔”二字吧），好吧，我拿起笔给刘总写了封信，写下了当时的心情。

真的没想到过了十多年，现在他还留着，十几年后，我再看到这封字写得整整齐齐的信，也看到那时我的心情，跟大家分享一下，信中一段如下：

我最开心最欣慰的事就是能住在公司的后面，趴在阳台上就能看得见公司，看得见公司里养的小狗小猫在欢快地跑着。这就是我事业的起点，也是我的家，我会不断地努力。老怕有一天我有了舒适的环境就会变得懒惰，所以每一次躺在沙发上就会强迫自己想想接下来该干什么找点什么事做。我喜欢忙忙碌碌，因为这样就会让自己感到充实。

我前段时间还去了以前我租住的五平方米的那个房子，还写了一篇微博，写我再次回到那里的感受（有兴趣的朋友可以去找找，哇哈哈）。

我会因为很多忙忙碌碌的事忘记最初的这里，但是当我一回来，就能回想起当初那种在北京有了自己第一个独立空间的自由和快乐，而且这种感受很强烈。

这些经历告诉我，其实任何人，在任何一个阶段面对任何一件事情，只要你想，都能找到一个让自己快乐的理由。关键在于，你有没有认真地去寻找，敏锐地去碰触。想要的比较简单，就比较快乐。

北漂过的你们一定有很多跟我相同的感受，我们一直在一步步往前走，每一步都在选择，但是方向和想要的东西是不变的，我们想被认可，我们想家人为我们骄傲，我们想证明得更多，我们想要更多的快乐，并相信，在我们作出选择，或者朝前走的时候，会得到更多的快乐。可是当人拥有很多的时候，可能会突然丢掉了快乐，这是在你这一路上必须小心的，因为并不是得到越多你就越快乐。

我很庆幸在这一路上遇到很多良师益友。我是一个太喜欢交朋友的人，当然现在和之前不一样了，之前是逢朋友就交，吃过很多亏，现在长大了懂得去过滤，至少我敢拍胸脯夸我的朋友是真诚的，不虚假的，有爱心的。其实我是一个一不小心就容易学坏的人，感谢老天对我很好，让我在最迷茫的时候总会遇到贵人，告诉我怎样是对的，当然还有一个隐形贵人就是我们每个人的勇气（唱：我们都需要勇气）。

其实每个人最初是什么都没有，无论你获得什么，有知足的心态，你才能保持平淡的心境。不要让拥有成为你的负担，要在你做得很好的时候能够重新出发，把未来做得更好，得到更多的快乐。这是每一场话剧结束时赖老师会跟我们说的话。

阳光，是一个很有质感的词，尤其是用在一个人身上的时候。这个人很阳光，在我看起来是一句奢华的赞美。我想说的是，其实阳光不只来自太阳，也来自我们自己的心。

心情好，心情坏，你有的不爽，让我来分担

办公室上班的白领们，有没有遇到这种情况，进到办公室，发现每个人都闷闷不乐，自己也会心情不好。可以说，这是一个糟糕一天的开始，就像导火索，看起来也许微不足道，可是点燃之后，可能引爆整个炸药包。

但是相反，如果你一进办公室，有个同事笑着给你一杯咖啡，你会不会有一天的好心情？我们可以去感受别人的快乐，也可以让自己的快乐去影响到周围的人，每个人都可以做快乐的发源体。所以，我时时刻刻告诫自己，无论遇到怎么样不开心的事情，都不要把眼泪挂在脸上。

如果你要面对的是普通朋友，或者同事，你的眼泪只会让人觉得扫兴，甚至有人幸灾乐祸，判断你这个人遇到了如何不顺心的事，不知道八卦漫天能飞到哪儿去。以后每天都会期待你，有什么不开心的啊，说出来给大爷开心一下。

如果你要面对的人非常亲密，他们会因为你的眼泪而变得不愉快，影响到他们的心情和快乐。当然有不开心和困惑也不能憋着，跟好朋友聊聊天，会舒服很多。

有一位朋友在我微博留言，看到后给了我很大的鼓励。我把她的话放到这里跟大家分享，相信这位博友能看到吧，看到在微博上“嗨”一声啊。

娜娜，加油，你的积极健康的生活态度让我失落的时候总能振作起来，一辈子的幸福送给你，等我结婚以后，甚至有了孙子以后，我会抱着他们，窝在沙发上，吃着西瓜，看着“大本营”，然后告诉他们，这是奶奶年轻时候赐予奶奶力量的人，不管开心难过，都不怕。

我很感动啦，可是等你结婚以后，老了抱着孙子看《快乐大本营》，我还在主持呀，我想想，我那会儿应该是什么样呢？嗯，一定很美呢，我努力哈（预备，唱：最美不过夕阳红）。

其实一路上因为你们太多的理解和鼓励给了我很大的力量，从

最初到现在，谢谢你们！

还看到有人留言：我很平凡，长相平凡，学习一般，大家都看不起我，我好难过，我该怎么办？

我真的好想说，没有人有什么资格看不起别人了，其实呀，老是嫌别人，找别人缺点，瞧不起别人，看什么都不说顺眼的人，通常都是自己都瞧不起自己的人。通常老是帮助别人，鼓励别人，看到别人优点的人，都是自信、努力、优秀、快乐、阳光的人。这也是我们在寻找快乐的路上应该学习的。

我们不管是在做什么，拥有什么，在地球上都是微不足道的，就像萤火虫，无论现实中，还是电影电视中，就那么小小的一点，体积小到根本不会有人去注意。可是，萤火虫总是会被当成一种浪漫、神奇的动物。关键就在于，它本身所散发的点点的荧光，让原本微不足道的它，有了属于自己的光环。

我们就要像萤火虫，千万别因为自己的平凡和不起眼而失落和苦闷。这样反而会忽视了自己得到和拥有的东西。不快乐的人，被忽略的人，不是因为你不起眼，而是你并没有散发出属于自己的光芒。哪怕是做一只小小的萤火虫，也要有属于自己的光芒，因为只有属于自己的光芒，才是最真实，最美丽的。

自信才会带给你改变和快乐！

其实我是一个小小小演员

有一次，剧组需要一个配角，我去面试的时候，说真的，我一点都不紧张，我总有一句话安慰自己：面试我尽力，此处不留爷自有留爷处。

要么说，我有福呢！剧组面试的人一看我，眼睛一亮，不避嫌地也不怕我骄傲地当着我面儿就边讨论边夸我，这个姑娘胖胖的，天庭饱满，有福相，喜庆，很像那个年画里的女孩儿，很适合演丫环，咏春的丫环让她来演不错（人生的际遇很奇妙的啊，幸亏那会儿胖胖的，让我找到了第一份工作，呵呵呵）。

能进剧组就等于让我进入了自学成才的第一课。我一下觉得我赚了，不用交学费一样学习外加赚钱，那家伙每天开心得呀，我就是剧组的开心果。我整个人都跟上了发条似的，就觉得浑身的劲儿根本用不完。每天各种新鲜，各种学习，学好演戏，看怎么找机位。

有时候会跟其他剧组一些小演员在一起吃饭或者聊天。他们问我，你这整天乐什么啊，你难道没想过，咱们这样的小演员，这部戏完了，接下来没活儿了，那怎么办？

我一直觉得为什么要想那么远呢。未来你无法把握，可起码现在有戏演，可以学习，眼前最重要的是，把现在这部戏先拍完，拍好啊。

慢慢地，拍摄基地都知道，有个特好玩、老咯咯乐的小女孩，演丫环挺不错的，外形条件，用功程度，都挺好。特别是外形条件，有福相，哈哈哈哈。

接着，这戏刚一杀青，有好几个剧组就找到我说："我们这儿也缺演员，你有没有兴趣来试试？"这些角色不是别的角色，都是丫环。

我就告诉自己：娜娜，看到没，这就是你的成功啊，不管什么角色，都是一种认可呀。

便开开心心地去其他剧组报到。来，吆喝起来，丫环专业户来了您嘞。

那会儿剧组给的条件是，按月拿钱，一个月报酬大概几千块。我兴奋得小心肝都是扑通扑通乱颤的。我能赚钱了！

我感觉实现了质的飞跃，自己有钱租房子了。那时都住剧组哦，省了好几个月的房钱。

不过那会儿有个习惯，除了拍戏，私下不合群，因为别人都有钱请客，我得省钱呀。我是特想跟大家出去玩，可不能老别人请，到时还以为我吝啬呢。没钱硬玩儿是一回事，有钱逃单是另一回事哈，区别是一个有底气，一个没底气，没钱硬玩时别人又不知道你没钱，还以为你小气，有钱逃单是你包里有货，就算你被朋友逮住了硬要你给，你把两百块拍桌上气势毕竟在那里，所以说这两种情况从心态上来说是有质的区别的。那会儿的我，是真没钱，又不想没钱硬玩儿，所以剧组聚会一般是不参加的，不得不大声夸一声，小姑娘，有志气！哎哟，这夸的是哪一出呀，是这样的，有时候你讲半天没人夸你，不能冷场呀，你得自己夸自己呀，来，吆喝一嗓子，比如大声问一句：我美不美。千万别等别人回答，抢在别人张口前或张口了还没发声之前，大声而自信地回答自己：美！这也是以一抵百的一种气势呀！

讲到那会儿，我能同时接几部戏的丫环串着演无压力，我更多还是占了台词的便宜。

因为台词永远只有那几句：小姐，你要多吃饭；小姐，你饿了吗；小姐，你要多注意身体；小姐，老爷会骂我的（咱这个演员的自我修养和特长，是不是特别适合去《西游记》里演沙和尚：大师兄，师父被妖怪抓走了；二师兄，师父被妖怪抓走了；完了，师父，大师兄、二师兄都被妖怪抓走啦）。

一直到有一天，在一个剧组戏里演小姐的好朋友张茜喊我，说：“走啊，领薪水去。”我跟着就去了，拿到自己一个月的工钱，往兜里一揣（鼓鼓囊囊的，爽，现金硬是比卡有感觉，要得）。

我特激动，跟张茜说，走，咱们去吃好的啊，我先去买个冰激凌啊。我永远都记得，那会儿拍摄基地有个小卖部，那里有个冰箱，冰箱里面有那种小盒的哈根达斯冰激凌。

我那会儿真的第一次看到有那么贵的冰激凌，很好奇是什么味道，有一次下狠心买了一小盒，觉得很好吃，又因为对我来说太贵，后来就给自己一个规定，每一个月拿完工资就会去买一盒犒劳自己。所以拿完工资的口头禅就是：去吃顿好的，去买盒冰激凌。

我在想每个人拿完工资都会有马上要实现的事儿吧？比如，给女朋友买件礼物，给父母买个按摩器，给自己买件漂亮衣裳，给弟弟买个书包，带家人撮顿好的，把钱存起来去旅游等。

所以领工资的日子是快乐的日子哈哈。

写到这里一定要插播一下很早就认识的朋友张茜，那会儿我啥都没有就认识她。她对我很好，我没地方住，她让我住她家，没衣服穿，她让我穿她的好看衣服，在我什么都没有的时候对我很好，当然我俩也因为有的没的小事吵过架。

记得那次吵架忘了因为什么鸡毛蒜皮的小事，她突然生气地喊让我走，我也生气地说，走就走，说完啥也没拿摔门就出去了。出去之后我发觉我脚上穿着她的鞋，气头上的我就把鞋脱掉，回去打开门扔了进去，真的是说走咱就走，天上的星星参北斗。没错，出门的时候天上都是星星，这句歌词也太适合我当时的情景啦。我光着脚出去，走在街上才发觉被石子儿硌着脚疼。我当时想这情景太像电视剧里的悲情女主角，当时我又在气头上绝不可能回去，可是也不能太惨了吧，不太符合我的路线呀，于是我打电话给其他朋友求助。

那个朋友正在跟狐朋狗友打麻将，被我吆喝好几次不情愿地丢下牌局过来接我，我当时很感激，也一直记着，后来几乎无偿地帮这位朋友拍了他做的第一部不靠谱的小小电影《娜娜的玫瑰战争》。

话说回来，后来茜茜急得一直到处打电话找我回去，肯定想着我没鞋没钱泪流满面流落街头着急担心，哎呀我这么贼当然不会啦，我生了一段时间气，茜茜找到我，抱歉地说那会儿因为一些事情心情不好所以那天把气儿发我身上啦。我们当然又和好啦。茜茜也是我一直到老都必须要珍惜的朋友。

这样的朋友还有李小冉。李小冉那时已经有名儿了，我那个时候有段时间住哪里都不知道，如果我要睡觉了，就去她家里。她会把我所有需要的东西帮我弄好。我要洗澡，衣服就乱扔在外面，出来的时候都叠好了。

睡前给我泡玫瑰花茶，说喝这个美容。早上给我冲牛奶，说早餐一定要吃好。去工作，她就选她的好看的衣服给我，工作完了以后回来，我脱下的衣服已经洗干净了。回头再穿上自己的衣服。

我结婚的时候她说，哎呀，宝贝，我是头一天晚上赶过来，第二天中午的飞机我就要走。但是我一定要赶过来。算了一下时间，刚好仪式结束就得赶飞机。结果我们抢亲时间玩嗨了，她如果等仪式结束，就赶不及飞机了。她是穿着伴娘裙往机场跑的。

离开后她给何老师发了一个信息，她说：我看到娜娜这样我觉得好幸福好开心，想到以前我们在一起特别简单快乐的时光，可是我想自己是真的回不去了。

我之后给她回了一个信息说：亲爱的，回得去的，我们都要朝前看，多看未来，一定会幸福的。她回信说：宝贝儿，看着短信，我一下子就哭了。

真的，这样的朋友都是我们要珍惜的好朋友，真的很谢谢他们当初对那个晕头转向啥也不懂啥也没有的不靠谱小姑娘的照顾。这么多年认识的朋友来了去了，老朋友新朋友，留下的，心里认可的，一定是一辈子的朋友。

插播结束，哇，从领钱插播到朋友聊了这么久，继续接上面说到领钱的部分，当时演丫环的我领完钱，正高兴着嗨着呢，看到剧组财务再给演小姐的茜茜发钱，我眼睛有点直，然后脑子转过弯来，原来小姐和丫环的钱差很多哦。

身为一个物质控的金牛座，这对我来说简直就是天大的诱惑。我的敏感神经马上上升到特级状态。如果我可以赚更多的钱，那可以帮家里缓解很多压力。我赶紧问，怎么你一下能拿那么多钱啊？

茜茜听完，眼神当时就特别迷茫："怎么了？我演三十集，这是三十集的酬劳，我还不算多的呢。"

回去后，我脑子里就开始琢磨，说实在话，我真不在乎自己演小姐丫环，还是神马公子。我演丫环，给我小姐的钱，我根本无所谓（预备，唱：无所谓，我无所谓）。

关键是现在这么一比较，一种按集领，一种按月领，人家一集顶N个月的。落差啊，忒大啊！

琢磨到最后的结果，我决定从自我出发，我为什么演不了小姐？冥思苦想，几乎失眠，最后找出一理由来，就是因为当初选我演丫环时夸我的话，胖胖的，像年画。再观察演小姐的好像都比我瘦一半儿，哦，我知道啦，当下我总结出一个自以为正确的歪理儿：要想按集拿钱，首先得瘦。

然后我开始下狠心，我要瘦，我要按集拿钱，宇宙也阻挡不了我的决心。

于是，残酷的减肥之旅开始了。

“娜”不堪回首的减肥生活

我刚开始减肥就是节食，那会儿我人称谢半斤，吃饭一顿吃半斤，拦都拦不住。到北京时就已经够胖了，又爱上了北京的煎饼 子，当时我一口吃进去，差点哭了，在街边大喊着说：这是世界上最好吃的饼。

那会儿拍摄基地门口随时都有人在卖这个，我基本是当开胃菜来吃（开胃菜是个大饼，一点没错，也没疯，我谢半斤可不是浪得虚名的）。

哪天没吃这个“世界上最好吃的饼”觉得吃饭都不香，吃完再开始吃饭和菜。身边的朋友都说我可能没有“饱”的这根反应神经。

所以，我必须从节食开始。

经过节食减肥的朋友知道，这个真的太难受了，越节食越想吃，强忍几顿不吃，忍不住吃顿扎实的，一下子全回来了。

这个意志力不是一般人能有的，真的很难，看到吃的又像敌人又像亲人，又像特爱一人儿又必须要分手那感觉一样儿一样儿的。

那种纠结的感情相信减肥的人都感同身受吧。

我节食那会儿最爱做的事就是逛超市，逛好久，都逛食品区，边逛边流口水，最后只买几袋果仁儿，因为果仁儿吃了有饱胀感，虽然看到那些诱人的食品什么也没买也没吃，但是眼睛过瘾啦（我不知道一个办法有没有用，但是当时对于我来说暂时是有用的，就是你想吃了你就去看别人吃，或者去看你想吃的东西，但是你不吃，也不要带够钱出来，就算忍不住也买不起，哇，这损招想想都挺狠的）。

但以我的经验和意志力到底也行不通呀，因为逛到有一天突然防线崩溃，就会不顾一切去买好多好吃的，自己罪恶地躲在租的房子里放肆地吃着，心里想着没事没事就这一次，这是很多减肥朋友的心声吧。

可这放肆吃一次就会前功尽弃，所以这个方法，短时间是有用的，长时间就不行了，当我发觉体重反弹方法失败，就彻底放弃了。

接着我进入了第二个环节：药物减肥。说实话那会儿所有的减肥药我把自己当小白鼠几乎全试完了，减肥药一种是抑制食欲的（很难受），一种是纯拉（减肥的朋友你懂的）。

第一种抑制食欲是很难受的，有一个厉害的产品，听说很多演员都吃过，就是吃了头晕得东南西北都找不到，心跳加速，口干舌燥，不会饿，但是很难受，很容易没耐心，脾气又很暴躁，还老想哭，坚持了一段时间我确实瘦了，但是我心情变得很不好，动不动就生气，动不动就想哭，那情绪根本控制不住。

于是，就又放弃了，之后胖回来而且比之前还胖，唉！失败！

继续讲第二种纯拉，就是使劲儿拉肚子。药和茶都喝过，拉得我呀，腿都软了。

那会儿我在拍戏中，我一直在请假上厕所，关键是我们同组演我妈的老演员，她一听我在喝减肥的药也问我要了几包，我大方地给她了。结果整个拍戏过程就是我请完假她请假，她请完假我请假，拉得我俩都疯了，看着老演员往洗手间跑的背影好心酸啊。

最后我俩决定双双放弃，体重又反弹回来。又胖了一圈，全是眼泪，别提了。

接着我开始探索其他方法来减肥，比如针灸。

每一次新的方法我都看到了新的希望，告诉自己为了瘦，再苦再累也要坚持，于是我第一次去针灸就办了张套餐卡。针灸真的好痛，我有点承受不住这种痛，但是一想到可以瘦就咬牙忍住了。话说那一次针灸完了之后，针灸师叮嘱说要注意几点才能达到效果，一是少喝水，二是这段时间只吃西红柿和黄瓜。

我向针灸师保证说一定配合，只要能瘦。

我刚做完，何老师和一帮朋友约我去吃饭。

我说我不吃。

他问为什么。

我说我在减肥，只能吃西红柿和黄瓜。

他说你来吧，我们点别的，再给你专门点西红柿和黄瓜。

谈判顺利，我过去之后，他们点了一桌子云南菜，我面前就放两个西红柿和两根黄瓜，我快哭了，看着他们吃得香得呀。

我含着眼泪吃着黄瓜。何老师阴阴地说："娜娜，你到我这里来减肥吧，不用受针灸之苦，我就让你每顿看着我们吃，你只吃西红柿黄瓜，你肯定能瘦，别撑了，快吃点吧。"

我思考了一下说，那我就先尝尝，这一尝，再也收不住口了。针灸减肥这一个礼拜我长了七斤，每天一斤，我逢人便说，针灸可能不适合我，我针灸以后就像打通了我的经脉点中了我的饿穴，各种饿，见着吃的就红眼，啥都想吃，唉！针灸失败，卡费可惜了啊可惜了，心痛啊心痛！

缓了一段时间，经朋友介绍，我又开始了新一轮儿大挑战，去挑战辣椒减肥法。话说我进到一个小屋，让我躺在一张小板儿床上，一声口哨进来五个女青年，戴着一次性塑料手套，往我身上抹辣椒，然后一起使劲儿搓，跟集体搓澡一样，哎哟，大场面啊。那家伙把我吓得。

辣椒辣得我皮肤火辣辣的，这时候我唱起了辣妹子辣辣妹子辣，是真辣呀。集体搓澡队一起搓了大概半个小时。

主搓人说，停，辣椒基本进皮肤了，然后大伙儿一起用保鲜膜把我包起来，只留鼻子呼吸，再一起把我装进一个蒸汽箱里，开始蒸。

蒸得我差点背过气儿去。

辣椒好像在皮肤里燃烧。我感觉像孙悟空进了太上老君的炼丹炉，悟空，我知道你有多惨了，好吧，我忍。

我当时感觉我的脂肪被辣椒给烧没了，真的，因为搓辣椒的女青年就这么告诉我的，挺悬的吧。

我跟你说为了瘦，我拼啦！我努力忍着，忍着，汗使劲流，我心里想，这下中了，肯定OK啦。我忍到极限时，眼前出现了瘦瘦的我，小小的我，忍到极限的我又有了动力，我一下又想起古代有一种酷刑就是把人蒸了，我这算是小小体验了一把。

终于，蒸笼时间到，我又被抬出来，把保鲜膜揭掉，去冲了个澡，我神清气爽地出来，真的觉得自己轻了很多。我好像接受了一次洗礼，我走路好像在飘，我感动地跟帮我搓辣椒的朋友们一一握手言谢，然后轻飘飘地飘出去，再然后，眼前一黑，晕倒在地上——因为出汗过多虚脱了。

后来，这张刚办的卡又报废啦。我的辣椒减肥生涯以失败告终，撤吧，我只能说在我这里行不通呀。

试来试去太费钱啦，那会儿本来就没有什么钱，这样撑不住呀。

于是我一咬牙，运动减肥，去健身房也太贵，所以我决定，跑楼梯。那会儿我住九楼（说到这里插播一份奇妙的缘分，我称这个小出租屋叫红红屋，这个九楼的房间我搬走之后住进来一个小青年，他后来也红啦，演的戏大家伙儿特爱看。那会儿我们前后脚住同一个房子，根本不认识，N年后我们成了特好的朋友，像家人一样，他和我们家张先生一见如故，好得老是约对方要一起住一段时间一起玩儿，这这这小伙儿……他的名字叫文章，哈哈哈哈。

这事儿是前几天聊起来的，是的，对，没错，同一个小区，同一栋楼，同一个单元，同一套房子。那天聊起来我鸡皮疙瘩掉一地，都不敢相信，关键是张先生来北京时到处租房子，问大家有没有熟悉的地方，那时我想起之前住的房子，还去问过，说已经有人租了。

应该那会儿就住着文章同学吧，时光倒退到那会儿，我们应该上去敲门看看，也许，那会儿就能互相认识啦哈哈！

多年之后我们一起聊起这事儿来，为进一步证实，文章还说出那个房子的结构，五十平方米左右，一室一小厅，进门左手是小厨房，走两步右手是小洗手间，再进去是一间卧室，一个小阳台。真的太悬了，那么大的北京，那么多的房子，租了同一套房子住，只能说这是奇妙的缘分呀，缘分呀缘分呀)。

再插播回来，我开始零成本减肥法，全身上下包着保鲜膜跑楼梯，九楼，每天来回六趟。

因为脸上也包着保鲜膜，所以有时在楼道上遇到人总会吓别人一大跳，我赶紧解释，不好意思，减肥，减肥。

真的有用，一个礼拜下来瘦了，看来对我来说跑楼梯运动出汗是最好的减肥方式。

可是也会有问题哦，因为脚太疼，去做足底按摩，按摩的姐姐问我，姑娘，你是当兵的吧，腿好结实，都掐不动的。

我傻眼，用力过猛，上身和腿减下来，腿上无情地长肌肉啦，肥肉好减肌肉难减呀。为了不成铁腿，我又放弃了爬楼梯减肥，马上体重又上来啦，而且还多了个结实的腿，老天呀，你就折磨我吧。

减肥这一路下来我也有一些自己搜集的特有的节约省钱减肥小方法，有的是自己用过的，有的是周围朋友和我分享的，这些方法的好处就是：是最节约的减肥方法。

试一试，没有作用也不会心疼。

经试验，有的是有一点用啦，不过这些并不适合每个人，我几个胖胖的圈外朋友试过就说完全没用。

想来想去，还是决定在这里跟大家“秘密”分享一下哈。

1.早上起来喝一调羹醋，晚上睡觉前再喝一调羹，传说早上喝了醋以后，早饭、午饭里面的脂肪，会被迅速地消耗掉。而晚饭吃好以后，很多人都不运动，脂肪特别容易积累，吃完晚饭走走，晚上睡觉前喝一小点的醋，看看这位醋朋友是否能在睡梦中帮助你减肥啦。

还有些特殊的醋，比如水果醋、蔬菜醋，每次倒一点，然后稀释了当成饮料喝。为什么嘞，因为醋里面有氨基酸可以促进人体脂肪代谢，把身体里的脂肪消耗掉，试试看只是不要真的变成“爱吃醋”的姑娘小伙儿咯哈哈。

2. 喝水能瘦身，道听途说地跟大家分享分享。

清早起床在早餐前先喝一大杯淡盐水，有助于肠蠕动，帮肠胃来一次大扫除，就不容易出现鼓鼓的小肚子！还有蜂蜜水也不错，我自己是喝蜂蜜水，盐水有点喝不下去。

上午工作中喝点柠檬，柠檬酸能帮助肠胃排毒，加速身体的新陈代谢，而且柠檬的气味还可以舒缓神经，还能提高你的工作效率，试试看咯，总之因人而异啦。

到午餐时候啦，丰盛的午餐前喝一杯暖开水，可以让自己有饱胀感，就会少吃一些；二是可以补充身体需要的水分，加速新陈代谢。

下午茶你可以泡一杯玫瑰花茶，不但可以抑制食欲，还能护肤养胃。我最近比较喜欢喝玫瑰花茶和红茶，我去买了一个专门泡茶的壶，买的玫瑰花茶是干净的不用洗的，对于我来说比较方便，再加一点冰糖，很香，听说也很美容哦。

还有一点很重要，减肥期间，尽量少上餐馆吃饭，自己动手做减肥菜。其实四川的凉拌菜非常经典，在家的时候爷爷给我做的调料最好吃啦，像凉面凉粉、凉拌鸡、凉拌折耳根，还有好多好多，我特别喜欢吃，想起来都流口水啦。减肥期间的菜不宜口味太重，因为会容易刺激食欲，这样会吃得更多，所以吃清淡的味道会比较好。

还有土豆，有朋友说吃土豆长胖，说老外那么多胖子，其中的原因是他们喜欢吃土豆，可是又听有的朋友说吃土豆减肥，所以有点晕。其实呀，土豆是个好东西，看怎么吃。炸土豆吃了上火，容易胖，相比之下煮土豆会好些，在家里煮很方便，切成一片一片放进开水里煮，再准备一些调料，有一段时间我特爱这样吃，觉得很方便，而且可香啦。土豆为啥有助于减肥？因为土豆内含有大量的淀粉，吃后会让人产生饱腹感，而且土豆富含膳食纤维，能够更好地消化哦！不管怎样，任何东西要适量就对了！

再说到最自然的减肥方法，就是运动。运动减肥要大量地出汗才会有好的效果，但是如果运动量不到位，或是有的朋友本身就不太容易出汗，怎么办呢？我有一个土办法，你一定听说过发汗茶吧，没错，就是生姜红糖放在一起煮，大家都是感冒以后才会喝的。实在很难出汗的朋友运动之前喝一些，喝了以后再去运动，就肯定比你平常更容易发汗啦，对于想靠运动出汗减肥的朋友不知道有没有帮助，我这样试过好像是更容易出汗，但是也有不好的，如果身体比较虚的朋友，汗出多了容易虚脱，谨慎谨慎。

减肥这个话题跟大家聊了这么多，其实我最推荐稍微控制食量和适量运动，特别是游泳减肥，还有很重要的是健康的生活习惯。

其实我真正瘦下来是后来我放弃不管体重的事了。那会儿工作开始忙起来，因为工作很多，为了让状态更好，也努力调整有个好的生活习惯，不知不觉就慢慢瘦下来了。

可是到现在，我反而在增肥，很想念胖嘟嘟的年代。如果可以重新来一次，十几二十岁我绝不减肥，因为减肥也是在折磨自己的身体。自己的胃，因为过分的减肥影响了身体，落下胃病，就真的对不起自己。

别人怎么看是别人的事，你健康快乐是你自己的事，女生到一定年纪的时候，胖胖的很正常，多可爱呀，以后想这样都不可能呢，好好爱自己，欣赏自己吧。

那时的我觉得是自己胖的原因而没有机会是大错特错的，因为时候未到，我还必须自学下去，没有人认识你，没有机会让人看到你这样一个新人的潜质，我本身也还没有了解自己，没有走出属于我的，独一无二的一条路——就是传说中的娜式“疯”格哈哈哈哈哈哈哈哈。

娜记……糊涂的看透

chapter 04

自我安慰和鼓励很重要的

当然自我安慰和鼓励还有一种，能把安慰你的人给气背过气。

记得之前在北京闯荡，各方面发展都不如意，相当郁闷。

灵灵回北京时，我们一起吃饭。他安慰我说：娜啊，别急，人生都有三起三落，一切都会好的。

我顿时心情大好，有了新的感悟，眼前一亮，感激感慨加感动地说：太好了，我三落都落过了，就坐等三起了。

灵灵满脸黑线……

小小经纪人儿

那会儿我这头小金牛，为了改变，咬咬牙下狠心离开了熟悉的拍摄基地，一个人去三亚玩了几天。

在三亚还拜了南海观音，我祈祷说接下来我要拍按集拿钱的角色，尽量是主角，实在没主角，拿钱只要按集拿就成，这个是主要的。求您多多保佑努力奋斗的小金牛吧。

别说，不知道是菩萨灵验，还是被我坚定的心打动了。回来没多久，还真就接了一个按集拿钱的戏。那个时候还没有经纪人，也根本不知道有经纪人这件事。片酬什么的要自己去谈，一切都得自己打理。对于金牛座的我，OK 的。

拿个小本儿跟制片主任谈价去，他说个钱数，我就拿笔在小本儿上算，一集多少钱，如果按这样拍完整部戏多少钱，拍多少天，这期间在北京租房子加上吃饭大概多少钱，还剩多少钱（小学数学在这个时候有了极大的用处）。

通常制片主任都有点不好意思地坐我对面，看一个小姑娘一点点地抠算。

算完之后，我抬起头斩钉截铁地说，主任，这个算下来少了一点，每集再给我加点儿呗?

说真的，我不会觉得不好意思，我觉得这是我劳动所得，而且我要生活，我为什么要不好意思？大家先谈清楚，以后事情就好做啊。

一切都谈清楚，我进了剧组，天天都哼着歌儿踏踏实实去工作。

这部戏是按集拿钱不假，但并不是我喜欢的角色。我无所谓了，像我这样自己找开心的人，现在这种情况，已经足够我在梦里笑醒了。按集拿钱，虽然每集钱很少，但起码是一个正常的演员啦，按正常的演员拿工资，已经跨出重要的一步啦，“砌儿思”！

那会儿在每个剧组里，我都吃得特别多，很多男演员都比不过我，经常是盒饭一来，只见一人影冲出人群，排除万难，抄上两盒，蹲在地上吭哧吭哧地吃。

吃完了自己的如果还有剩下的，我起码还得再来两盒。有一次蹲那儿吃着吃着，转过头，发现全组在场的人都在向我行注目礼，一脸的黑线。我不好意思，一站起来，戏里的旗袍刺啦一声就撑开了。大家伙儿一起笑得前仰后合的。

不拍戏的时候，我永远都是到处开玩笑逗大伙儿乐。

等导演一喊预备开始，我就得进入角色，脸就马上绷在那里，特别严肃。整个一内向沉默、文静可怜状。大家都笑说，谢娜，你就装吧。

除了拍戏外，我什么也不想，这日子过得也挺开心的。

问：一般会在哪些方面省钱？
答：方方面面（yes）

先不聊钱不钱那么肤浅的话题，来问一个有内涵的问题吧：

谢娜算不算大美女（哇，好有内涵的问题呀）？这叫什么问题？答案不是摆在那里的吗？当然不算啦！顶多是个美女，因为，她年纪还不够大，哈哈哈哈哈哈。

我对着镜子告诉自己，世上只有懒女人没有丑女人，你这么懒都还不错，还是给别人留条路，让我继续懒下去吧。总不能为了自己走路，让别人都无路可走吧！

其实，保养对女人来说是永恒的话题，要说我从不保养，是不可能的。只是去美容院是最花时间最花钱最让我头疼的事，说实在的，到现在为止我进美容院的次数掰着手指头都可以数得出来。因为懒，因为觉得太花钱，也因为我比较喜欢方便的，自己在家里就可以完成的方法。我在这里分享一些节约时间又省钱的快乐美容小方法，注意，是最方便省钱的哦。

在北京生活了十几年，每次一到冬天，就觉得特别干燥，有时还会干得流鼻血，那皮肤当然就更容易干啦。所以除了经常喝水外，随时还要带着保湿喷雾定时喷脸，定时为皮肤表面补水。

冬天随身携带润唇膏。说到润唇膏，我有润唇膏魔女之称，因为买再多的润唇膏一到我这里就会莫名其妙地不见，所以我一般出门带两个，一个随时预备着。可是有时候两个都会不见，哪里都找不到，这个，对于我来说一直是个谜，所以我从不敢买太贵的润唇膏，丢了心疼，关键扛不住老丢呀。

在唇部脱皮严重的时候可以在临睡前用湿毛巾替代磨砂膏，去除死皮，然后涂上凡士林。这样，第二天早晨醒来的时候，唇部就会变得滋润了。美容达人朋友告诉我的，我试过，有用的。

冬天，手因干燥的气候会出现蛇皮纹，所以出门在外的时候要记得带护手霜，在晚上入睡之前，也要涂护手霜。说到这里想起来全是眼泪，我的手去年和前年都长了湿疹，平常有点痒，睡觉的时候奇痒难忍，也睡不好觉，只能擦药不能擦护手霜，也不能戴手套捂着，那手痒得呀干得呀，那会儿的感觉想起来就难受。还好后来都治好了，感恩感恩（预备，唱：感谢天，感谢地，收）。

我除了工作其他时间从不化妆，工作完第一时间卸妆，因为我本身真的不习惯化妆，脸上带妆很难受，拍戏录节目因为有近景怕反光，必须打粉底，演话剧我从不打粉底，化一下眼睛吸一下油就好。对于化妆的朋友，睡前做好皮肤清洁工作很重要，除了用卸妆油外，还要用洗面奶洗两次，这样皮肤才会彻底干净，然后保湿。

妈妈皮肤身材都保持得很好，我和妈妈一起走在街上还以为是两姐妹，真的，不是我长得老，是我妈妈看起来实在太年轻啦。她也经常告诉我很多这些年总结的有用方便又省钱的美容小方法，现在可以跟大家分享一些妈妈教我的洗脸方法。

尽量用冷水洗脸，可以让面部肌肤保持弹性。如果觉得太冷受不了，就用温水洗脸，在水里加一点蜂蜜，坚持洗会让皮肤嫩滑。蜂蜜是个好东西，具有很好的保湿滋润作用，回家后做一个蜂蜜面膜，能补充一天流失的水分，滋润肌肤。敷保湿面膜最好在浴室里，有蒸汽帮忙，面膜中的成分也更容易被快速吸收。洗脸时在水里加一点盐，可以杀菌，对经常化妆的人很有用；经常在电脑前工作的话，洗脸的时候在水中加一点绿茶，可以稍微抵抗辐射；在水里加一点醋，可以让皮肤变得光滑有弹性；用淘米水洗脸，洗完觉得皮肤很亮，而且保湿；用豆腐洗脸，会觉得很滋润，洗完也很白。这些方法我都试过，只是我有时太忙到处飞，想起了就做，所以没有长期坚持，有点可惜，之后要加油！

还有一个烦人的问题，我们皮肤的毛孔会慢慢变得粗大，美容达人朋友告诉我一个办法，我试过，一个星期一次，可以试试哦。就是用一只生鸡蛋把它煮熟，过一下凉水，剥开鸡蛋，取一些熟蛋白，把蛋白放在掌心揉碎，往脸上轻轻地来回擦，擦着擦着就会发现水分越来越少，有点干干的。继续擦，慢慢地死皮就会下来，蛋白会随着你慢慢地搓变成灰色或黑色。不要觉得恶心，这都是你自己的死皮哦。搓下来之后再用清水洗掉，你会发觉皮肤很嫩很光滑。

鸡蛋还有其他妙用哦，可以快速去除粉刺，方法很简单，准备一个小毛刷子，把蛋清刷到鼻子、下巴等粉刺比较多的地方，待蛋清半干时，贴上传统的吸油面纸，待蛋清全干后，将吸油面纸由右至左慢慢地撕下。这时，我们就可以看见浅层的粉刺附着在吸油面纸上，被连根拔起了！在清除粉刺的过程中，蛋清还可以保护皮肤不会因此受损，我们有时用的去粉刺的产品敏感皮肤容易过敏，这个蛋清就比较温和啦，可以试试看啦。记得干了以后要慢慢撕，不要撕太快哦。

还有，我们经常出去度假，特别是阳光很烈的海边，不注意很容易晒伤。这时我们会准备晒后修复液，其实还有一种省钱的晒后修复方法，就是西瓜皮。吃过的西瓜不要扔，把表面一层皮削掉，剩白色的部分放到冰箱里面冷藏，晒后洗完脸，轻轻擦拭面部或薄薄一层贴于面部，可以镇静晒后热热的皮肤，很清凉的感觉哦，最关键的是方便、省钱，哈哈哈。

因为不是美容书，我也不是真正的美容达人，我就简单分享这些啦，与其说是快乐省钱美容的方法，还不如说是我这个懒人养成的快乐美容省钱的习惯。

只能说对我自己比较有用，每个人都有适合自己的、让自己可以更美的习惯和方法。

关于对美的理解，在男人眼里和在女人眼里都是完全不一样的，当然在每个不同的人眼里也会有不一样。

我是觉得美不美完全看一个人由内而发的状态来决定。女人分气质型、快乐型、自然型、做作型、性感型、高贵型、纯美型、洒脱型，哪个型是最好的？谁也不知道答案。其实美就是来自于你的自信

(预备，唱：勇敢地自我欣赏)。

千万不要刻意把自己改变成另外一个人，更不要失去了自我，要做自信快乐的人。PS：当然，也不能盲目自信，对吧（Oh yeah)。

人在旅途，温暖地找乐儿

我们的工作决定不可能安稳固定地待在一个地方，总是需要飞这儿，飞那儿，所以很多时候，我们都会到机场。我想在我的生活里，这个地方应该是除了家，待得最多的地方，某一段时间甚至多过家。

这是我在机场写过的一段话：换票，登机，到另一个城市，这样不断重复着，好像白领每天的打卡上班，怎样让自己在这不断重复的过程中快乐和必须快乐着呢？这也是一门学问。

我曾被形容“色迷迷”地盯着机场的地勤帅哥和美女服务员，还有身边来来去去的旅客们。其实我真的不是在欣赏姿色啦，我只是在观察，那个地勤穿了什么样的制服，或者这个值班的美女换了什么颜色的眼影，睫毛画得还不错哦；旁边这个旅客，眼神呆呆地在想什么；后面跑上来这个人遇到了什么样开心的事情；那个人春风得意，是不是恋爱了或业务谈成了；另一个人是不是家里有了麻烦的事；那两个人是不是吵架了。

我一直很喜欢这样，觉得这种感觉很好，这会让你时刻都有有趣的想法和好玩的发现，每一天都是不同的，新鲜的。很多经历告诉我，其实任何人，在任何一个阶段面对任何一件事情，只要你想，都能找到一个让自己快乐的理由。

北京有句话叫找乐儿，乐儿都是自己找的，它们很调皮，每时每刻都悄悄地隐藏在你的左右，你只要愿意，就能把它们通通揪出来，而你不懂得寻找，只能和它们擦肩而过。

除了有趣也可以有温暖。

记得有一次在机场看到一个女孩儿自己拎着两个箱子，站在楼梯口拎不上去，脸涨得通红，我过去帮她拎起一个箱子上了楼梯，放在上面我就往前走了。

其实很简单的一个举动。

后来这个女孩儿托她《嘉人》杂志的朋友发微博 @ 我说了那天的事情，还说一定要谢谢我。我在微博上看到也很感动，小小的一件事，可以让这个女孩儿感受到温暖，我也很快乐。

我们在路上、在途中相信会遇到很多这样的小事，对于帮助别人来说就是举手之劳而已，但是会让他人在旅途中感受到温暖。

记得我和张先生去国外旅行，有一次坐高铁，我们的箱子太重，抬不起来没法放上去，旁边几位不认识的当地人都上来帮忙，抬上去后大家一起鼓掌庆祝，一下子觉得在异国他乡特温暖、特亲切，这段视频我一直收藏着。

骗子，骗子

曾经有个骗子朋友很心酸地说，要在逆境里做人生第一部电影，一副很有干劲又对处境很无奈的样子，说找了很多大牌演员演，就差一女主角啦，说拜托我一定要帮忙出演，就差我了，磨了我好久。

我实在抹不开面儿，我咬咬牙答应了。之后我才知道自己慢慢进入一陷阱。

结果就是，所有的演员都不是他事先说的那样，马上就要开机了男主角都还没有找到。

他来拜托我找一个我的朋友演男主角。

我说好，你给多少钱。

他说剧组根本没有什么经费。

我说那你为什么要拍呢？

他望着远方眼里闪着泪光坚定地说，因为我要完成做电影的一个梦想。

当时我就感动了，我“呸”……把我给气得。

这时经纪人发觉问题严重强烈反对我接这部戏，说帮忙也要看靠不靠谱呀。

可是我当时觉得我已经答应帮“一”了，就再帮个“二”吧，但是突然找朋友们哪有时间呀，那会儿刚好在湖南跟李承炫聊起，他要准备回美国了，但是他说真的很喜欢中国。

我想了一下，说这里刚好有个机会能多在中国待段时间，问他可不可以来帮忙完成这个戏，我又为难地说可是没有什么钱。

他一听是跟我合作，很愿意帮我的忙，爽快地答应了。

真的很感谢他，这就是朋友呀！

其实陷阱还深着呢，等到我们真正开拍了，才知道，剧组没有服装，最基本的应该花钱准备的他们一样都没准备。

可这会儿退就等于把所有人晾那儿了。

于是我们自己去拿家里的衣服穿，自己找化妆师。拍摄时间跟事先说好的每天八小时也不一样。

有一次拍了通宵。

我问为什么，骗子又开骗了，说节约成本。

我说我们都没拿什么钱，你该花钱的没见你花，不是已经节约成本了吗？

骗子张口就来，说因为钱要留着做后期，后期会做很多最新科技的动画。

所以经常让我在演一场戏的中间，突然往天上一望，演出在思考的感觉。他说这部分后期会斥巨资来做的动画特效，是独一无二的（是挺二的）。

而且他保证还会找很多大牌来客串（我去）。

拼拼凑凑，一个礼拜拍完这部戏，真是刻骨铭心啊。

其实拍的中间我就觉得以这个制作投入根本上映不了，但我和承炫还是很认真地对待每场戏，好吧，我只有寄希望于后期，寄希望于他所吹的高科技动画了。

N久时间之后，我都快忘了这事儿了。

他说片子出来了，我只想喊：骗子！有个鬼的高科技动画呀？

好吧，彻彻底底被忽悠了，我打心眼儿里不希望喜欢我的朋友花钱去影院支持一部制作不认真、几乎不花什么制作费的电影。

不过有一点，演员的表演是很有意思的，戏里面很多台词也是很有趣的，但这也不算是一部认真制作的合格影片呀。

后来这部戏卖给网络，没想到点击率非常高，大家和我的感觉一样，制作有问题，故事结构有问题，但是整个表演轻松好玩，这部戏叫：《娜娜的玫瑰战争》。

从那以后，这哥们儿进入了我的黑名单（哎呀，朋友还是朋友，合作，就算啦）。

后来我又碰到这位朋友，他跟我一顿吹，说自那以后他就跨入电影界，根本不做小制作的电影，开始吹他最近在做多么大的制作。

我冷冷地说恭喜你呀。

他又问我：“怎么样，要不要来帮我客串一下，再帮我联系快乐家族一起来客串。”

我吸了一口气说：“滚。”

有黑，有白，没有灰；有笑，有不笑，没有皮笑肉不笑

我入行不算早，朋友不算少。基本上成为朋友的话，就会是一辈子的。朋友分很多种，我觉得，人可以没有太多的才（女子无才便是德，吼吼），也可以没有太多的财（钱太多了也闹心，为了不让大家闹心，谁钱太多了可以送我点儿，我笑纳，笑纳），可是偏偏不能没有朋友。

总是有人会说，自己活得没乐趣，孤单寂寞冷。原因很简单，朋友实在太少，或者根本没有。

有位老师告诉过我，熟人是做加法的，朋友是做减法的。随着你不断成长，环境越来越不一样，接触的人越来越多，会有许许多多、形形色色的人跟你接触、认识。朋友，也许最初气味相投，但随着接触，经过一些了解，有的会更铁了，有的就散去了。朋友会为你带来很多，但是朋友间的伤害也总是会有，无论是有心还是无心，是主动还是被动，可是伤心了就是伤心了。前几年我会去问为什么，现在我不会，我选择默默地把此人从朋友的名单上抹去。

我是个很直接的人，也因为直接多多少少吃了一些亏，想想以前更直接，急了我上手的，唉！性格的原因吧。上学那会儿绰号“原子弹”，这也可想而知。

我在班上做过很多见义勇为的事，比如有调皮的男生拿死虫子和鸟吓女生，别让我逮着，逮着必打（哎呀，时光若倒退，我也要试试小女生害怕得哭的感觉）。

从小到大就这样，只有感动得哭的时候，没有害怕得哭，或者因为生气而哭的时候，越吓我越让我生气，我越有斗志。

女生小时候喜欢的洋娃娃之类的我一点没兴趣，我小时候就是喜欢和一群男生去跳围墙、打弹珠、翻画片、摘桑果、独脚战。

女孩儿的过家家还是会参加。看着演公主的女孩披着纱巾来回

跑让纱巾飞起来，我也觉得很美。只是从没想过自己去演，因为，我在她们面前像小男孩儿，所以我一般是反串演出，一般演士兵、王子和父王，我特开心。每次都用一口流利的“川普”很投入地演出，我跟你说反串演出很考演技的，坡姐剑走偏锋的路子应该是从那会儿开始的吧。

还记得那会儿，陈凯歌导演的作品《霸王别姬》很红，我们还和几个好朋友下课时演巩俐被押着前面有一团火的那场戏，有个漂亮女同学演巩俐的角色，有同学演火，还有围观群众，我演押她的人，有时还演葛优的角色。那几天一下课就开演，大伙儿的那种投入，哎呀，往事虽不堪回首，但偶尔回一下首也挺逗嘞。

我从小就喜欢交朋友，可是随着年龄增长朋友一定会越来越少。其实人不是越长大越孤单，是在经历过朋友的伤害之后，更懂得为保护自己而精简朋友，让自己的圈子小起来，事儿少起来。

关于交朋友，之前看到这样一段话很精辟：最可怕的人是，她明明很讨厌你还要装跟你很好；最最可怕的是，她跟你很好却在别人面前说你坏话；最最最可怕的是，日见夜见的人你以为跟她无话不说但她却有很多事瞒着你；最最最最可怕的是，你以为很懂她的人原来并不是你想象的那样；最最最最最可怕的是，她也说讨厌的人却跟她好；最（此处省略无数“最”字）可怕的是，友情里连真心都不给，于是，可怕变成了可笑。

我一个朋友不解地说：“有人当着她的面硬要演得跟亲人似的，背后跟仇人似的甩暗器，恨不得刀刀致命，镖镖夺魂。”

为什么呀？

我觉得嘞，应该是闲得吧。

工作已经很累了，做人何必在生活里还像演员演戏演得这么拼呢？又没有片酬，关键全世界都融入不了你自编的剧情，就你自己在演，得多尴尬呀？

遇到这样的人，我的办法就是干脆不再理会。我走我的阳关道，你过你的三元桥。这样大家都好。很多朋友说我要在古代肯定是一侠客，我的世界有黑，有白，没有灰；有笑，有不笑，没有皮笑肉不笑。

一是一，二是二，有很喜欢的朋友，有不会去接触的人，但绝对没有不喜欢又还要硬接触的。这样不好，但这样也好，就是生活得简单。嗯，暂时不打算改变我自己，就先这么着吧。

万花筒

一个小女孩趴在窗台上，看窗外的人正埋葬她心爱的小狗，不禁泪流满面，悲恸不已。

她的外祖父见状，连忙引她到另一个窗口，让她欣赏他的玫瑰花园。果然小女孩的心情顿时开朗。老人托起外孙女的下巴说："孩子，你开错了窗户。"

快乐并不困难，打开另外一扇窗户，也许你就有所发现。

有段时间流行 TVB 体：哪，做人，最重要的是开心。想想为什么会不开心？通常我们很多时候的不开心都是因为太在意别人的看法。

别人觉得你这个不会，那个做不到，实在削弱不了你的能力和本领（别人都当你是奥特曼，你也打不了小怪兽。别人都当你是一只耳，也掩饰不了你是杰瑞可以戏弄 Tom 猫）。

如果因此影响心情，因此怀疑自己，那么着实太傻。哪有那么多生不完的气呀，你又不是龟仙人，蓄气也发不出龟派气功波（呀咿呀咿哟）。

对待自己的能力，要清楚。对待别人的看法，其实呀，可以糊涂一点啦。这样才不会把用在成功和提高的时间，浪费在琢磨别人是怎样看你这种没用的事上。有句话说得好，不要太在意别人怎么看，其实别人都很忙（此处插播《牛仔很忙》，预备，唱：不用麻烦了，不用麻烦了）。

虽然我们经常付出一百分的努力，但是结果还是以失败告终，这没什么大不了的，我们要敢于去面对，找到失败的原因。输掉一场战斗，未必影响到整个战役，有时可能还是好事。失败会让你知道下次我该怎么做，然后努力加油迎接下面的胜利。

其实一件事情的成败也许需要方方面面的努力，但自己能贡献的，可能只有一份，因此，自己应该努力，但成就不一定全在自己哦。

学会模糊和糊涂地对待失败，把它从内心里驱逐出去，有的人会因为一次失败一蹶不振，而有的人却因为失败越战越勇。

想起我看到的一个签名：悲观者看到的是黑洞，乐观者看到的是甜甜圈。

嗯，说得很棒，朝好的地方去看的人，是积极的，正面的，努力的方向也会是好的方向。眼睛总盯着黑暗，你看什么都黯淡，又怎么会有力量和心情去燃烧自己的小宇宙呢？

人生有的时候真的很拧巴，能够把开心的不开心的、看透的看不透的、坚持的放弃的等诸如此类的是非题，演化成为一出出轻松小短剧，那么生活才会有色彩。

每个人看这个世界，都是不同的。同样的花，同样的树，同样的地球，因为每个人的看法不同，而变得层次分明，丰富多彩。

生活中更多的时候需要看看万花筒里面的七彩世界。虽然镜筒后面的才是真实的，但我们真的可以多转转它，你会了解，其实同样一件事情可以千变万化。

我有一首歌叫《万花筒》，其中几句歌词很喜欢：

赤橙黄绿精彩得过分

每个角度都让世界为之一震

闪亮的心就像万花筒

简单的颜色能点亮夜空

平凡拼凑出我的梦

总有一种要你们为它感动

童话一样浪漫 翅膀让天使变勇敢

八卦体，伤不起

关键词：自曝

一天看朋友的微博，她很疑惑地写道：有些媒体真的很奇怪，明明是你们在问我，我坦诚地回答你们，新闻出来以后却说都是我在自曝。

其实，关于类似问题太多艺人朋友都苦恼过。

最近宣传话剧有媒体问我：为什么不愿意媒体问你感情上的问题呀?

我回答说：其实没什么不愿意的，如果坦诚回答了，第二天新闻就会出现标题党："自曝"什么什么之类的。还会添油加醋，而且基本整个内容跟话剧无关（唱：编编编谎言，编了个新闻上南山）。

如果不回答，第二天一样有"八卦体"标题出现：拒提某某、提感情变黑脸……然后就各方开始猜测是不是感情出问题，各种故事也开始出现。

相信太多艺人深有感触，我看有淘宝体、蓝精灵体，有TVB体的话，也应该有一个"八卦体"。

现在有微博，八卦消息传得更多，真真假假，假假真真。我在微博上用过一首"饶舌歌"表达我的观点：故事里的事，说是不是不是也是，故事里的事，说不是就是，是也不是。哪怕再绕口，也要学会面对是和不是，冷静不冲动地面对是非黑白。

有些人根本不认识你也没见过你，在网上发一些莫名其妙，离谱到我们看着都会乐的谣言（但是你虽然觉得离谱得好笑，会跟朋友当笑话聊，可是很奇怪再离谱也会有人相信）。

问题是这样无根无据的也能成为一篇新闻，因为够劲爆，所以会不停点击不停转载。一般新闻前面会写上“网友说、据内部人员传、一位不愿意透露姓名的知情人士爆料”等等。

对于这些你回应还是不回应，这是一个问题呀。不理，会有很多不明真相的人以为你理亏，所以你默认。

你站出来回应，又是一轮新闻。我现在会选择如果没有影响就不理，如果真的没完没了的话，就用微博回应，我发现在微博成了最好的辟谣途径。当然如果谣言继续猖狂的话可以选择报警。

记得结婚当天很多媒体和微博上面都是祝福我们的话，当然也有搅屎棍。有人在微博上发了一个我们收了多少礼金的谣言，微博亲，我们的朋友是晚上晚宴给红包，为啥中午您礼金数都出来啦？胡说八道哗众取宠的微博又增加了几个粉丝吧？这事儿我们都互相调侃着，奇怪了，他们真的以为演员和主持人都会有那么多钱吗？

还有一个微博谣言更离谱，说我们跟政府有什么交易。

一个微博瞎写，被转了上万次，还有报纸以：传……做大标题。因为加上“传”和“？”，好像是对这些不靠谱谣言的“保护伞”。所以这“伞”经常看到，如果这事儿是假的也跟他们无关（因为我们只是说别人在传，而且我们还打问号了）。还有某个地方的一个电视节目讨论这样做对不对？可是一个正规的节目正常的顺序，首先应该确认是有这样的事，再讨论这样做对不对吧？是现在太需要敏感话题，不管真假供大家讨论就有收视有销量有点击率？

后来我知道这事儿第一反应就是想直接报警把造谣的人抓起来。当时周围的朋友都说千万别，如果你去报警这事儿会炒很大，虽然会惩罚坏人，但是让一个跟你们毫无关系的人进入你们结婚这段美好回忆里，不值得，你现在不理，以后你想起来结婚的时候就是只有祝福、幸福、简单和快乐。

有些人生活得很扭曲，无端捏造，就为了多赚点眼球。如果有人去回应他们，质问他们，他们就炫耀地说，看，某某跟我互动了。记得那天这人一发消息出来，韩红姐就跟他私信说，请你把微博删了，两个年轻人结婚你为什么要这样。这坏人还把红姐私信转出来转到微博上给大伙儿炫耀说，看韩红都来求我了。红姐也是太直接太简单太心疼我们了，其实这世界上有好人，也有毫无道德的人，所以我们根本就不应该搭理这种人。

我想起当时看到一篇文章，不知道作者是谁，肯定是香格里拉人，很朴实很真实，我当时看到很感动，专门找来放到书里跟大家分享：

一场婚礼，赚足媒体眼球，毕竟是香格里拉，不服不行。

原本就是一场纯美婚礼，因为在一个如此美丽的地方，一对来自普普通通家庭，但是通过自己的努力获得了一定成功的青年男女，在香格里拉结婚。而一些婚礼的细节设计，其实可以让我们去回忆，看来已经很久远的温馨和感动，一叶扁舟，从湖泊深处驶来，森林、蓝天、白云、岸边的亲友，都是伸手可及的幸福。放生、植树、简简单单的素食、各民族淳朴百姓的真心祝福，无不传递着来自香格里拉万物和谐共生的价值观。我们相信，几乎所有的人都看到了这一点。

至于婚礼本身，我们看到普普通通的十辆景区大巴，载着明星嘉宾们，他们就那样来了。担心下雨，婚礼处和自助餐区，搭了两个简单篷子，但装点得很漂亮。还有几个漂亮的帐篷也装点在适合它们的草原。怎么样的一个简约又奢华的婚礼啊，简约在物质，奢华在美景。

香格里拉的青年也喜爱明星，但她们穿着节日盛装，有礼貌地站在撒着鲜花的栈道两旁，分享这一天的美丽。按他们自己的话说，今天他们来相帮。他们的做法，跟占据着最佳观礼位置的香格里拉老百姓一脉相承。我真为他们骄傲。

一场婚礼在香格里拉人的眼中唯美地结束了，大家一起分享了之中的每一点快乐和美丽。其最终结果是更多的人再次看到了香格里拉的美，这可是香格里拉意料之外的开心啊。

至于一对新人，我相信因为香格里拉，他们变成了年度最有福气和幸运的新郎和新娘。香格里拉也会感谢他们，因为他们努力工作所积蓄的各种善缘也一并通过婚礼带到了香格里拉，美与更多美的相互发现和接触，会让我们的世界更加和谐美丽，香格里拉祝福他们美满幸福，扎西德勒！

我承认，我爱上了香格里拉，那里的美景、朴实热情的香格里拉人都给我留下了极美的印象，我觉得，在那里完成我人生的大事，是上天注定的缘分。

真实和虚幻

我们做节目或接触到各式各样的艺人，有的把自己包裹得很紧，其实我们都知道，越是这样的人受过的伤越多，害怕了。一般爱咋咋地，要不就是还没有受过伤的，要不就是经过伤害超脱了的。

一档节目，一个媒体，来宣传的明星或者艺人会很多。其实当中很多人不喜欢或者说害怕宣传。演出或工作外，屏幕下就喜欢一个人静静地待着，娱乐圈的人，并不是像大家想的那样天生外向。工作是工作，工作改变不了一个人的性格。

这些性格内向的人，却又因为工作的原因，必须要面对媒体。因为他要工作，跟媒体打交道也就成了他们的分内事。

我是主持人，能感觉到嘉宾来时以及彩排的时候，对自己的那种无形的保护。这个时候你需要慢慢地引导，让他一点点地放开自己，随着节目的进行，只有让他慢慢感觉到，你们是善意的，特别自然，特别友善，他才会一下子就放开自己。

当一个艺人融入节目后，他害怕提起的东西，会自己顺带着聊出来。他自己主动说，就是从自己的角度出发的真实感受。

我很少会接受专访，很没有安全感，怕写出来的东西和我说的不一样（以前有过，你说一他写八，你说了一梁山好汉的故事，他给你编了一个《西游记》）。所以还是保持距离比较好。但是我在话剧排练和演出期间接触的跑文化和话剧类的记者，写出来的文章很写实，一切都从作品出发，是真正在听我说话，听我讲我的想法，而不是根本不管你讲什么，他只要他的“点”。

我真的很感动，很感谢，不容易！其实，自然的，真情流露的才是有价值的。挖出来的，通常都是虚幻的，因为受访者一看见那把无形的挖土机，早把自己关起来了，给你演一假面人。真心希望有一天，所有的人面对节目、媒体，一起享受聊天的状态，自然而然地展现出真实的彼此，问的不处心积虑，回答的不掩饰，这样多好。

娱乐圈好像总是需要爆炸性新闻，要结婚的“被怀孕”，结了婚的“被离婚”，对散布谣言者，应该逮到一个处理一个，绝不手软。

我在微博上写过对此事的想法就是：艺人，我这里的理解就是一个普通人，面对事物一定有最普通的喜怒哀乐，直接简单。这样的表现，有好有不好。这次过了下次又会换着花样来编造或者考验，我们必须勇敢地去面对，去承受，去解决！其实，已经很感恩了，这份喜欢的工作让我收获很多，所以想要把更多积极的生活态度和快乐跟大家分享。

这世界总是有美好的善良的事物存在。只要我们都认真对待我们的工作跟生活，不断地积累经验，维护好自己，也要善待别人，你才会在工作和生活中获得真正的快乐！

娜样……………感动的印刻

chapter 05

流言有一千分贝

我不是真球迷，但我有时喜欢看球，看踢得好的球。看世界杯时，有感而发，我写了这样一篇微博：

球场上经常有为达到目的用假摔获得点球，用假动作和挑衅的言语激怒你，你被冤枉或被红牌罚下场，而电视慢镜头的回放往往会看到所有真相。可是，于事无补，你可能因此输掉一场比赛，但保证，你会得到更多人的认可（哈哈，比赛和人气，和人心，哪个才最重要，这可是个考验智慧的选择题）。

生活中我们也会遇到类似的事情，别人用歪曲事实来激怒你。明知道不要中计，你还是会生气。只是生活中没有慢镜头和回放。一路上有太多胡说八道、胡编乱造的冤枉事。

记得我和张先生刚在一起的时候，正在慢慢地互相了解，谁也不知道未来会怎样，真的很想自己默默地维护我们的感情。

被问到感情问题我们同时选择回避。那会儿狗仔天天跟拍，还有铺天盖地的假消息，什么乱七八糟的说法都有。比如我俩根本没在一起，说是我俩只是互相利用炒作（真是服了，是我们被偷拍，打扰了我们的私生活，我们什么都没说，有人自说自话地说我俩是炒作，其实根本没有在一起，问题是我们说我们在一起了吗？从头到尾都是你们自己在叨叨呀）。

类似这种编故事的情况，犹如毒蘑菇一样不停地冒出来，什么“抱大腿、老牛吃嫩草、各有所图”最难听的字眼最瞎编的故事全都一起招呼。

最不能理解的是有一个中学生看的杂志，没错，是中学生看的杂志，一个不认识的人在完全没有采访过我们的情况下写了一篇恶毒的扭曲文章，大意说根本没有人会真的爱我，张杰是个骗子，骗完我的一切就把我甩了，我们没有感情。

如果这个是个八卦杂志我可能看了就一笑而过了，让我不能理解的是，这是一本学生看的杂志。我们的粉丝也有很多学生，他们看到了第一时间打电话到杂志社去投诉，接电话的工作人员不仅不觉得自己有问题，还厚脸皮地说这是我公司同意的，还来挑拨关系，撇清自己的责任。

我们本来不想理会，可听说他们这种态度，就通过各自公司给该杂志发了律师函，要求他们道歉，要作者出来道歉。

他们的老板通过我一好朋友杜华私下道歉求和解，希望不要把事情闹大了，以后会更严格审稿。

这位作者现在也不敢出来，因为写了这篇文章每天都是针对她的投诉电话，她现在心理情况和状态都很糟糕。

我们当下觉得她确实应该为她所做的事负责，莫名其妙写狠毒的文章伤害别人，这人本来心理就有些问题。

但是如果情况像杂志老板说的那样，这人虽可恶，我们也不想为此超出她的心理承受能力，万一崩溃了作出什么傻事不敢想象。

最后双方公司一商量，觉得这文章实在太扯，现在相对来说是少范围内看过，如果闹大到法律程序就会有更多的人去关注去买这期杂志，反而替他们炒作。

那会儿我们感情还没有公开，为了跟一篇瞎编的文章宣布手拉手一起去打官司讨公道实在没必要。双方公司一商量。那就这样吧。

我和张先生心里真的难受，扭曲的事实，无端的编造和伤害就算了，以前也不是没有过，我们是为不能一起站出来，替为这件事气愤难过的爱我们的人扬眉吐气而难过，最后张先生说：我们幸福地好好地在一起，好好工作，就是给支持我们的朋友最好的回报。

对于我们俩的感情，不管狗仔怎样偷拍，“八卦体”怎样编故事，我们都不回应。我曾经写过一篇感受：

张先生之前租房子住时，有时会来找我，被狗仔拍到说他住着豪宅（我之前的豪宅？就是何老师开玩笑说的世界上最小的复式结构房子）。

他努力赚钱跟朋友买了一辆友情价的二手车，媒体拍到就写：开着谢娜的豪车。

后来因为之前住的地方狗仔太多，而且超级怀疑狗仔有买通门卫通风报信的嫌疑。我们决定一起搬家，我们搬到另一个地方的同一个小区、两个不同单元的房子。

后来还是被狗仔摸过来，拍到之后，写张杰搬进谢娜新居（也许他们本来就知道，也许他们根本不管这些，他们不管他曾经靠自己在全国性的唱歌比赛中拿了冠军，一个那么爱唱歌的人，突然间连唱歌的机会都没有，自己在家天天对着墙唱）。他为了不要名不正言不顺的靠朋友介绍上节目，为了要向大家证明自己的实力，自己为自己争取机会唱歌，放下自己曾经的光环从零开始，到广场上去报名参加一个知道不会有好名次的唱歌比赛的海选，而前面报名的那位男孩正唱着他曾经的成名曲《北斗星的爱》。

说真的，整个比赛到现在我都没敢看，虐人，台上台下都一样，台上安排的比赛过程或评委的语言从没对他好过，所谓的大众评审几乎没有一个选他。

不过还是要谢谢这些人，我想越来越多的人通过比赛喜欢他也是因为这个矛盾和奇妙的原因吧。

还有台下有喜欢别的选手的工作人员整他（也许不该说下面这些，显得有些小家子气了，但还是忍不住要说），比赛中节目组管服装的一位女士故意给他拿不合适的小号服装（并不是卫视员工，在这我就不点名了哈），他说太小不合适，此人还滥用职权当众吼他，这个场景很多选手都在场。

有一场直播来不及了，必须让他穿一条裤子，裤子拉链根本拉不上还是硬上去唱了，这些他从来都不说，自己忍受着，他一直让自己把关注点放到可以唱歌这件事情上。

我是比赛结束之后听别人说的，他本来就顶着压力来比赛，在这个过程中还受到工作人员这样的对待。

可对于他来说，他太爱唱歌，其他的有的没的包括名次对他来说都不重要。

他在唱得完美、表现得完美的那场离开了，台上所有人都为他的离开而哭，他一个人在微笑。

我后来问他为什么，他说，虽然有太多的误会和压力，有懂音乐或根本不懂音乐只会秀的评委，有对他不好整他的小人，但是他说特感谢这个舞台，这种唱歌的感觉比他在家对着墙唱爽多了，歌迷会听到，他唱得很过瘾。

记得后来巡演的时候看到那么那么多的歌迷支持他，他惊讶地说："比赛时我看没有大众评审选我，以为没有人喜欢我，原来，有这么多支持我的人。"

其实，他一直都很棒，只是以前很少有人知道，我第一次听他现场唱歌我就这么认为（那时只是普通朋友，我逢人就说有个叫张杰的歌手唱歌好棒）！

那么，认识我对他参加比赛来说情况有什么不同呢，就是认识我之前他参加的比赛凭实力拿到全国冠军，认识我以后参加的比赛并没有到他凭实力应该到的位置。

认识我以前只要知道他的人都会说，张杰是一个很有实力的歌手，只是认识的人不多。认识我以后他的所有努力只有爱他的人客观的人愿意去正视去认可，而有些人为了寻找话题，制造八卦，恶意传播负面消息的人是不会管的因为悲情的励志故事通常没有负面的编造来得猛，来得点击率高，所以他们坚持地、坚定地、雷打不动地要把我俩塑造成一对"老牛吃嫩草"和"抱大腿"的各有所图的一对心机叵测的假情侣。

那会儿的我还没有对负面新闻有免疫力，每次看到都气得咬牙，心疼他替他抱不平。而他总是不说话笑笑，其实这些话都深深地在伤害他。

因为这些，他更加拒绝我为他做任何事情。一个女朋友天经地义地为男朋友做的小事，他都拒绝，为此事我们曾大吵过一架差点分手，最后由我经纪人张小姐作为中间评审听我们因理念不合而做分手前的最后阐述（插播：就是媒体拍到张先生跟一个神秘女子约会的那个美女，你说无聊不）。

张小姐发誓不会因为是我的经纪人而偏袒我，一定保持中立。

杰方观点是：拒绝女方为我做任何事，哪怕是小事（很极端哦）。

娜方观点是：何必在乎那些扭曲的人的看法，女朋友为什么不能帮男朋友做事？对普通的朋友都可以做的，为什么不能为自己的男朋友做？

我们辩论了近两个小时，其间有正常言语，也有胡乱辩论的，前言不搭后语，有暂时的崩盘，相当精彩。真后悔当时没录下来，双方激动时，我的经纪人都会调节一下气氛。

后来我妥协了，达成协议：娜方不能为杰方做任何事（我抗议，觉得我的经纪人张小姐在这次辩论中偏袒男方，抗议无效被驳回）。

后来张小姐私下跟我说，他现在因为那些传言心态很拧巴，我应该尊重他的想法，给他时间互相慢慢调整。

虽然我答应了，可是你们知道我本身是个外向、热情的人，对朋友都会很热情地做这做那，何况是男朋友。

就这样，我更拧巴，跟他说天气冷多穿件衣服都得考虑半天。

谣言越来越多，造谣者不仅在八卦媒体上有，传小道消息也有，这所有的一切传到我们这里，开始让我们突然觉得，我们面对那些对我们感情的猜测、造谣、编故事，这样沉默下去不是在保护我们的感情，沉默让这些谣言越来越猖狂。

这让我们彼此内心挤压了更多的委屈，挤压久了就有一种越来越想爆发的感觉。

那会儿张先生的状态特别不好，这是很多人不知道的。前两年他一直被抑郁症困扰，可能吸收了周围太多的负面能量，这些坏东西给我们带来了太多的压抑跟伤害。

我和他性格不一样，我生气就吃顿好的，跟朋友嗨一下玩一下做一期《快乐大本营》，嘻嘻哈哈就过了。

他本来的生活就很简单，就喜欢唱歌听音乐，那时的他变得更怕接触人，除了工作就把自己关屋里不跟外界接触，能把自己关在房间里几天，一出来工作总会努力掩饰自己，工作完了就又把自己关起来。

我很自信我可以让他快乐起来，可是经过很长一段时间，我用了很多办法都不能让他快乐起来，我没有把他影响得快乐反而被他的情绪所影响得心情很糟。

我们不知道该怎么办，很慌乱，最后我们决定试一试手拉手面对一切，公开我们的感情。

故事继续着，负面能量持续积累着。

感情公开前指责我们为什么不承认恋情呀，互相利用炒作吧？公开以后又开始指责我们，为什么那么高调？感情见光死不知道吗？等着分手吧。以我的性格我真的憋太久，之前什么都不能说，真的把我这冲动型的小金牛给憋得不行。

我们都不想情况再糟糕下去，不想几年风风雨雨走过来的感情因为外界压力双双放弃，这太不值得了，可我从来不信邪，我坚决不会让任何压力和负面情绪影响到我们的感情，压力这件事，虽然会让人不舒服，但是对我们来说一直是一件好事，我们绝不会因为压力而放弃，只会因为压力而做得更好。

我们公开了以后，那真的是一个很特殊的时期，张先生在跟心理专家治疗中，我们也试着让他打开自己的心，试着鼓励他跟一些很棒的，可以给予很多正面力量的朋友敞开心扉聊天。

说实在的那段时间的我也处于崩溃的边缘，所以那段时间我对向他传递负面能量的人或事，耍起大刀，来什么挡什么，我不知道该怎样停止阻止，因为这一切只会让他情绪越来越糟糕，我实在忍不住一下子情绪激动而爆发了。有时在想，如果，有时光机回到那时，我真应该忍了的。也许，时光机回到那时，我可能还是会忍不住。也许在那个特殊的时期，他当时的情况我们不能跟外界说，如果说了，各种报道会给他更大的压力，更不利于他好起来，只能迫切地希望周围能给他更多的正能量。可能这些都是成长中必须经历的过程吧，人生不像游戏，早设定好的关卡，如何过关都有答案，我们遇到任何问题，都必须自己面对，好的坏的都接受，一路跌跌撞撞前行着。

过了那段暴风雨时间，慢慢回归自然和平静，一切都越来越好，以前不看好我们的也都改变了看法，以前不相信我们会一直在一起的都开始相信了。

七夕那天晚上，我们结婚的消息发布后收到了来自大家的祝福，得到了那么多人的祝福，真心感激大家，所有的祝福我们都收藏着，当然最最开心的是张杰先生的状态也越来越好。朋友们都很爱现在的他，他的生活从阴影里走出来，走向了阳光。

曾经有一段时间我们周围所有的人都以为他走不出来了，而且我自己感觉也快要被影响想逃跑了，他用自己的内心力量战胜了心理的小恶魔，阻挡他感受快乐的小恶魔，虽然之后他在很多访谈里有稍稍提起过一点点，可是那段时间我知道他有多难。

真心感谢那时的丹妮、杨柳、刘俊杰、何老师、康永哥、加措活佛，还有我们的一位抗抑郁的专家朋友。

记得刚走出来的那段时间，他稍微有点过于活泼，话好多，精力充沛。我疑惑地去问抗抑郁的专家姐姐，姐姐说他从心理上战胜了以前的自己，内心充满了信心和能量，刚转变过来会有些亢奋，这个很正常，之后情绪会慢慢回到合适的位置。

但是就像专家说的，他战胜抑郁那一刻，已经脱胎换骨了。

他由之前那段时间的一个不爱说话，不愿意交流，自己不相信自己，站在舞台上会不自信，甚至有时会害怕唱歌，喜欢孤独地待家里的他，转变成了一个开朗、自信、喜欢交朋友，不停鼓励身边人，朋友们都很爱他的阳光型男人（自己夸夸不犯法吧哈哈）。

他开始对自己充满信心，更加懂得去享受舞台。从以前会在乎别人怎么说，会接收到负面能量，变成负面能量绝缘体。

前段时间莫名其妙的负面新闻有计划的如潮水般涌过来，成群结队，一次高过一次猛烈地攻击，企图再一次淹没他，各种谣言诽谤杜撰编故事，很多媒体都不负责任地给他扣上莫须有的“帽子”，反正对他们来说无所谓，只是无数“帽子”中的一项。

他们知道，只要娱乐新闻前面加上“传”或“据网友说”，后面跟多大的标题都无所谓，反正越负面越有点击率越有销量。而在这一系列的攻击，恶毒的程度甚至已经超出了我正看着的甄环传里的桥段，抓小辫子，以点击面，凭空捏造，移花接木，群起而攻之，一副不把他踩下去誓不罢休的架势。

记得有一句话说得好，漩涡中心反而是最平静的。记得在攻击最猖狂的那段时间，有两个画面给我印象很深：一次是一天看他盘腿坐在窗户前，阳光照着他，听着耳机里的音乐，闭着眼睛跟着音乐投入地唱着，我默默地看了很久。还有一个画面就是人民大会堂音乐会，我和支持他的朋友们刚进场时听到他唱响第一首歌《最美的太阳》时，我眼泪一下子出来了，眼前的这个我遇到的最最纯粹简单的人，正在被一群各有所图的人用他们心中的黑暗扭曲着。我是真的心疼！而且我们更担心的是他被带回到那段时间的心理状态去。

可这一次的他完全不一样了，他很淡然去面对，完全不分心的继续专心的做自己的事情。经过这次之后，我欣喜地发现，现在任何负面能量都不能再接近他更影响不了他，甚至整个反过来，他经常会帮身边的朋友，甚至帮我这个乐天派赶走负面情绪。

一直觉得他这两年的转变和内心强大起来的过程真的应该写一本书和大家分享，真的可以鼓励太多人，我知道现在不管是在娱乐圈还是其他行业，因为压力或负面情绪，让生活变得糟糕，有太多人无法战胜心里的小恶魔，甚至会被打败，会让自己退缩。我们永远都要记住，我们，必须要相信自己！

慢慢地我们去学习面对纷纷扰扰，当你想要愤怒，淡然，坦荡，或者包裹起自己的时候，你可以缓上一步，把一切都交给时间。时间很伟大，它能带走一切，又改变一切。

今天的我们已经学会用理智来打量彼此和周围的世界。前路漫漫，我不知道它通向哪里，我只希望在复杂的环境中我们能够一如从前保持着简单的内心，抬着头向前走，这样，我们才会真的快乐……

爱她，就大声说

如果你不知道如何向你爱的人表达，就请找出一枚一毛硬币，请你爱的人把它紧握在手心，告诉她，这样也就握住了你对她全部的爱！因为一毛钱，等于十分，即使磨损了，也不影响它的面值。

爱与被爱都是幸福的，可是幸福如何掌控需要恋人间很长时间的摸索，又或许经历过失败之后才会有所感悟。

华丽的语言在事实和行动面前总是那么苍白和无力，我会一步一个脚印地走自己的路，事业如此，感情也如此。

娜种……………沉淀的悸动

chapter 06

香格里拉之缘

香格里拉的缘分来自加措活佛，有一天他聊到会在香格里拉建一所学校，让那个村里因为家里穷读不起书的孩子，可以无偿到那里上学。

我跟张先生很感兴趣，一是想去看看能不能做些什么，二是早知道香格里拉很美，一直没有机会去，这次刚好去看看。

我们一到那里，被那里的自然和纯净的美惊呆了。那天我们手拉手躺在草地上看着天，太美了，我们突然想就在这里结婚吧。

这个决定让我们很兴奋，之前我们想过结婚的地方，北京、成都、长沙马兰坡哈哈，怎么也没有想过香格里拉，突然因为跟加措活佛建学校来到这里，突然被这里感动，有这样的想法，我们自己也很惊讶，也许是很特别的缘分吧。

可那时已经到七月了，我们晚上吃饭时跟香格里拉的朋友商量，我们准备请十个以内的朋友，和家人在这里的一间酒店做一个简单的仪式，说因为人少，不用特别策划，请朋友定下酒店几间房，再按当地的风俗布置一下就好。

当地朋友说在香格里拉结婚的话不能超过九月，因为再晚就会很冷了，我们初定九月二十六号，也拜托香格里拉的朋友到时接应一下。

第二天我们离开香格里拉各自工作，只有兴奋没有压力，需要定的事是秘密邀请几位参加的亲人朋友而已。

事情在中国情人节晚上整个改变，那天晚上我们公布了婚讯跟大家分享。

我跟张先生发微博，公布之后，铺天盖地的祝福，连着两三天我一直在看你们的祝福，眼泪一直流。

是真的，我和他真的很感谢大家的支持，我们在一起从大家的不相信到祝福经过了几年的时间，这几年也是我们彼此成长的过程，在大家的注视中成长比自己想象中还要快，我们把祝福都珍藏起来了。

同时也是因为太多朋友的祝福，我们也一下忘掉了之前的计划。

你们都不相信吧，我们因为之前决定内部婚礼，所以根本没有亲友名单，公布之后我们各自激动地邀请了很多祝福我们的朋友，那会儿各自忙得都没有时间见面，都是靠打电话。

有一天我们通电话大概算了一下要邀请的朋友，我们都傻了，加起来有两三百位。那时候离结婚只有一个多月，没有婚庆公司没有筹备团队，只有香格里拉的几个朋友在准备。

起初决定的酒店根本住不下，也没法举行婚礼，我和张先生幼稚地决定就我们自己和助手来策划。

过了好几天我们一点头绪都理不出来。

我正挠头时，刚好那天回复DJ小强的祝福，同时邀请他来参加我的婚礼。

他客气地说需要帮忙说一声。

我马上打电话过去，说我需要。

他问我需要什么，我说什么都需要。

他傻眼，不相信地说，我们都以为你们早已经有很庞大的团队进行周密策划了。

我说怪不得没有人问我们需不需要帮助这个问题嘞，原来大家以为我们早准备好了。小强接着说我就是跟你客气一下。

我说不能客气你必须帮忙。

他想了想，说好吧，马上帮我联系一位策划婚礼的朋友。

我说那就明天。他挂电话时甩了句气人的风凉话：我真服了你们两个小朋友了。

第二天我们打完网球，在球场旁边的一家小菜馆的地下包间跟小强的朋友阿罗见了面。她很专业，拿了一个小幻灯机，讲一个正常的婚礼需要准备的东西。

我张大嘴听着，幻灯机打在小餐馆脱了色的墙纸上。

小强又甩了句话：唉！谁想到这个大家如此关注的婚礼的第一个预备会是在一个小餐馆的地下室开的呀。

我白了他一眼，不过真的谢谢热心的小强帮我们找到了头绪。

困难多的是，我们怎么去统计请的朋友们呢?

因为我们起初就没有名单，人员都是各自散请，到底口头邀请了哪些人，又该汇总到哪里呢?

我想到了我们台专门统筹艺人的朋友，于是我们又把魔爪伸向了朋友们，哭着跪求台领导同意在不影响台里正常工作的情况下，把几位有统筹艺人经验的好朋友借给我用用。

领导一点头，我和张先生就各自把自己约的朋友能记得的都汇总到那里。

一汇总，台里的朋友一看名单，吓到，赶紧说搞不得搞不得，名单上的明星可以办金鹰节了，这不是我们想的那么简单的事。

于是第二天录节目之前我们一起碰了一次头，在台里办公室，讨论重点首先肯定到目前为止我们都在两个小孩儿过家家，零零散散找朋友帮忙，根本没有意识到这是件多么复杂的事情。

这么多朋友这么多明星，怎么接待，怎么住酒店，飞机需要转机，怎么转，其他地方到那边的飞机不是每天都有，有时天气不好飞机取消怎么办?

他们还细心地查了结婚那三天的天气，三天有雨，还查了近几天有两个航班取消，还提醒我有的朋友会有高原反应怎么办? 那么多朋友酒店空房量小，住不下怎么办? 我工作的好朋友都劝我放弃，还有一个月的时间，赶紧换北京、四川或马兰坡。

我才知道会有这么多的问题，当时当着那么多人的面我就哭了，莫名其妙演了一出苦情戏，还有台词：没有时间了，怎么办，这婚肯定结不成了，求求大家。

朋友们赶紧劝我，这个会议峰回路转地由劝我放弃成为鼓励我。

其实，我也不知道为什么那么坚持，那段时间做梦老梦到香格里拉。

真的，接着朋友们都陆续知道了我们在过家家这件事，都开始帮忙，同时快乐大本营家人也加入筹备晚宴，还有好多好多朋友。

首先说到这里要先深深地向很多朋友道个歉，因为我们乱作一团的特殊情况，婚礼嘉宾也是在这个慌乱无头绪过程中各自遇到的，微博私信的，祝福信息回复邀请的，真的漏掉很多重要的朋友。

婚礼结束之后，我们俩一合计，怎么没看到这个朋友那个朋友，我以为他请了，他以为我请了，然后就漏掉了。

所以在这里通通向朋友们说声：真的很抱歉。

也谢谢朋友们的理解，很多朋友在我婚后，发来祝福，遗憾没有参加。结婚的人真的是最晕的，也是对朋友最怠慢的时候。

还对不住很多家人，因为人数过多没有住的地方没法接待，又没法推朋友，最后决定双方家人除了各自爸妈，其他所有的家人我们之后在各自老家补办一次家庭聚会。

很多来参加我们婚礼的朋友，我也有照顾不周的，因为之前准备做新房的山上酒店只有几间房，所以只有满足伴郎伴娘和化妆师服装师们方便接亲，所以没有好好陪着大家，叩谢朋友们理解，有太多照顾不周的地方请见谅。

我们听了朋友们的话，结婚那天什么都没管，连手机都没拿，完完全全去享受那一天。最后要特别感谢老天爷，之前预报有大雨，我们很担心，因为是在山里，如果下雨大家都会淋成落汤鸡。

那天早上起床确实下起雨，我望着天想，下大雨可怎么办呀?早知道之前听朋友的放弃露天了，现在后悔也来不及了，等我化好妆接亲的队伍都来了也不见雨停。我真的有些急了。

加措活佛安慰我们说，我们是因为让这里的孩子们有好的读书环境来到这里，因为善缘而到的这里，一切都会如愿的。

他组织大家一起手拉手，他念着经，我们每个人闭着眼睛都在默默祝福着，真的很奇妙，我们睁开眼睛，雨小了，在去现场的路上，天越来越亮，一到现场，雨停了。

我们的仪式是在山里，此时的香格里拉，除了这一片，其他地方包括香格里拉城里面都下着暴雨。我们这里，太阳出来了，吹着小风儿，天蓝蓝的，还有白云一朵朵。

那时我就想，有机会一定要把这段记录下来，真的很神奇。这也让我们更加相信，有一种力量，所有人都一心朝好的方向想，一切都会越来越好，也会出现奇迹。

记得婚礼头天晚上爸爸先给我剪了指甲，那段时间手长湿疹，不能做指甲不能擦护手霜，手看起来皱皱巴巴的。

我一直念一直念，爸爸一边给我剪指甲一边安慰我没事没事。之后我等爸妈睡了，就开始写第二天的誓词，我整夜未眠。好多人会在婚礼前几天就写好，我一直留在婚礼头天晚上，这样更有感觉，觉得更能写出真实感受。

我的誓词大概是：你认识我的时候，那时我外表伪装得很快乐，其实那些很糟糕，经常自己把自己灌醉，睡觉也需要吃安眠药。遇到你之后我一切都变得好起来。谈恋爱时，有一天，你问我，成家需要多少钱,20万够吗？等我赚到20万时就娶你。那时我就祈祷,老天啊，保佑这个叫张杰的男人快点赚到20万吧！结婚前夕，我有点结婚焦躁症，有一天你拉着我的手说，我会爱你一辈子。我问，更年期也爱吗？你说更年期我会更爱你。张先生，谢谢你在我最需要爱的时候爱我，心疼我，也让我学会爱我自己，我要努力做你的好老婆，一生一世爱你……

现在回想起写誓词念誓词的感觉，还是会很激动。

写完誓词已经凌晨五点多了，化妆师来叫我起床，妈呀，一宿没睡呀。可是大家说根本看不出来我没睡觉，他们都说我那天脸和眼睛都放着光哦。

不知道有多少新娘子头天晚上睡不着，第二天和我一样，小脸儿都放着光，哈哈，幸福的光芒吧！

后来看那些现场照片，真的很好看，从内心散发的幸福感觉。

那一天我真的很美，那一天每一个新娘都会很美。

说到我们最初跟随加措活佛去香格里拉是因为想建一所小学，在他的带领下，很快我们一起努力做到了。

现在那个村里家里困难读不起书的孩子们都在那里快乐地学习，平常我们总是通过照片看到他们学习玩耍的样子，真是开心和感动。

感恩这一切，感恩奇妙的缘分，感恩最接近天堂的地方——香格里拉给我们留下的最美的回忆。

想想婚礼有一个小小的遗憾，就是那天接亲张先生敲门的时候，需要我问一些刁难他的问题，平时特能说特能刁难别人的我语塞了，周围一片混乱，脑袋一片空白。

所以这种问题不能临时想，得提前准备好。

我帮大家搜集了一些基础的堵门刁难新郎的问题还有保证书，女生都收藏好，时刻准备着，可以视情况添加哦。

1. 第一次见面是几几年几月几日几点天气情况如何，地点在哪？新娘穿什么衣服，你们之间说的第一句话是什么？

2. 老婆最爱吃的菜是什么，生日是几几年几月几日，阴历？

3. 唱歌 3 首，分别要带老婆名字里的一个字，可谐音，不可改词！

4. 让他找十种新娘称呼（老婆、宝贝、新娘的小名等众所周知的称呼不算）。

5. 唱“月亮代表我的心”这句歌词，最后心字要拖尾音，拖多长说明有多爱老婆（1 分钟以上为合格）！

6. 屋里伴娘和新娘在纸上印上口红印让新郎猜哪个是新娘的，猜错一次塞一次钱。

7. 把新娘照片放地上，新郎俯卧撑，做一个亲一下。个数不限……

宣誓环节

宣誓词（用家乡话大声念）

我向我亲爱的老婆大人保证：

1. 老婆永远是对的。

2. 如果不是，那一定是我想错了。

3. 如果我没想错，那一定是我听错了。

4. 如果 2、3 都不符，那就遵守第 1 条。

我承诺：

家务活全包（包括给老婆按摩）。

收入全交（包括灰色的）。

剩饭全吃（包括馊掉的）。

老婆的话全听（包括不对的）。

Shopping 全陪（包括男士止步）。

老婆购物时要勇于付款，多加鼓励，不得有不情不愿之行为。

老婆给钱时要含泪感激，省吃俭用，不得有奢侈浪费之行为。

老婆训诫时要两手紧贴，立正站好，不得有心不在焉之行为。

老婆不在时要朝思暮想，守身如玉，不得有偷鸡摸狗之行为。

老婆生气时要跪地求饶，恳求开恩，不得有不理不睬之行为。

老婆打我时要任其蹂躏，谢主隆恩，不得有还手瞪眼之行为。

以上承诺，本人保证身体力行，请各位监督，特此为据！

视情况升级：准备了一个呼啦圈让他一边摇一边大声地朗读。

念完后附赠口红一支，让新郎涂在嘴上，

用嘴巴印在签名的保证书上！

因为我们的婚礼没经验太慌乱，所以也找到筹备婚礼的朋友要到这个婚礼倒计时日程表跟大家分享，大家可参考参考，主要还是根据自己的情况来定。

婚礼倒计时

婚礼倒计时：12 个月前

拜见双方父母，商量是否举办订婚仪式

确定订婚仪式举办的日期和地点

购买订婚戒指

若有订婚仪式，则邀请双方的亲戚出席订婚仪式

并举办订婚仪式

婚礼倒计时：11 个月前～ 9 个月前

双方家长见面，决定结婚日期

（可按皇历挑选吉日或新人生辰八字确定日期）

作出婚礼预算和计划邀请的人数

开始收集举行婚礼仪式场所的相关信息

决定想要举办的婚礼形式及婚礼举办的场所类型

各种途径收集场地信息

现场考察所有自己选择的或有意向要举办婚礼的场所

可以在各大场地试菜，确定婚宴自己想要的菜式及菜品

也有助于帮助挑选婚礼场地

预订宴客场地及大概的婚宴桌数

研究讨论新居的装修或居住事宜

开始装修新房

领结婚证，确定婚礼场地

预约婚前健康检查及辅导

开始关注新娘婚纱的款式

开始挑选婚纱摄影工作室或者影楼

开始收集婚庆公司信息

与选定的婚庆公司确认婚礼方案

提前挑选家具、家电以及其他生活必需品

婚礼倒计时：5 个月前～ 4 个月前

确定拍摄婚纱照日期，并尽快完成婚纱照拍摄

婚纱礼服试穿：开始着手挑选适合的婚纱和礼服

（定制婚纱的新人应开始与设计师沟通并首次量身，

若是租借婚纱礼服，应提早挑选款式并落实预留）

与婚礼举办场所的联系人最终确认仪式举办的时间

检查新居的装修进度

讨论搬家的时间和相关事宜

婚礼倒计时：3 个月前

选购婚戒和其他饰品

与双方家长商量、确认婚礼流程以及婚宴安排

确定婚礼策划公司，选择主持婚礼仪式的司仪

（婚礼旺季此项可能需要预订，若想选择资深婚礼司仪，

甚至需要提前 1 年预订）

确定婚礼当天的摄影师、摄像师（一般双机位）

化妆师（提前试妆、定妆）

决定伴郎伴娘、花童的人选

为伴郎伴娘、花童及双方家长定制或选购礼服

与婚礼策划公司讨论婚礼会场装饰计划

确定是否需要婚车，若需要则预订

确定邀请客人名单

草拟婚礼请帖上书写的内容

购买或定制婚礼请柬

确定仪式现场祝辞嘉宾名单并提前通知当事人做好准备

通知外地亲友，并提前安排交通住宿事宜

收集蜜月旅行路线，与爱人商量蜜月旅行地

选定蜜月地点及行程

（ 如去国外度蜜月则尽快确定路线以及开始办理护照、签证）

提早向公司请婚假

可以开始进行美容以及美发护理

举行第一次婚礼准备大会，与亲戚好友沟通婚礼事宜

预约婚礼化妆师试妆

购买服装（隐形内衣、婚鞋等）

预订婚礼蛋糕（可专属定制）

新房完成布置装潢，搬入新居

新娘开始保养皮肤

确定婚礼场地花艺布置

婚礼倒计时：1 个月前

寄发喜帖

召集相关亲戚和好友

详细确认婚礼上所有工作人员及其负责项目

制定婚礼各项工作流程表、工作负责人联系表

婚礼物品及负责人清单

第二次婚纱、礼服试身，并确定内衣、首饰和婚鞋是否搭配妥当

与婚礼司仪沟通婚礼主持细节要求

根据收到请柬回复的数量确定来宾的人数

拟定宾客名单及出席人数，安排到场宾客的座位

（可制定宾客座位图并放在签到台，

以便宾客迅速找到自己的座位）

最后确定婚宴的桌数，并确认酒水、饮料及喜烟的数量

订购回礼礼物

婚礼准备最后，再次确认婚礼各项工作安排，特别要注意确定婚礼当日工作人员、婚礼用车以及司机、礼金负责人、签到处接待以及酒水喜糖发放人员等

确认仪式最终的流程

确认婚礼上的服装完全合身

准备新郎和新娘的答谢致词

了解婚礼进行中应注意的礼节

购买喜糖或喜饼，婚宴用酒、饮料、喜烟、火柴等

婚礼倒计时：1 个星期前

确定最后婚宴席数、婚宴菜品，与婚宴场地做最终确认

统筹安排婚宴的所有款项，预付款、尾款等准备齐全

准备大小不一的红包袋

在家中张贴喜字，买鞭炮

向亲友及工作人员最终确认当日工作流程和内容

若婚礼上有颁发结婚证的仪式，请准备好结婚证书

开始收拾蜜月行装

全身美容美发护理

与公司最后确认婚假开始时间并交接工作

希望搜集的这些会对大家有一些小小的帮助，也许看到那么多的细节一定会觉得很复杂吧。没关系，不管婚礼大小，人多人少，只要你们相爱，形式并不是最重要的，但是每个女人都会希望有一个难忘的婚礼，所以婚礼形式你们自己喜欢最重要！

还有哦，两个人一起加入到准备的工作中很重要，短短的过程会

让你们一起成长，特别是男方哦，会在这个过程中成长很快！而这个过程也会让你们一辈子难忘，也是到老都值得纪念和一起回忆的一段日子，真心希望大家都有一个难忘幸福而从容的婚礼（预备，唱：我能想到最浪漫的事，就是和你一起慢慢变老，一路上收藏点点滴滴的欢笑，留到以后坐着摇椅慢慢聊）。

娜么……………永远的快乐

chapter 07

娜娜奇怪创业经

经过十几年超级厚脸皮的坚持，认识的人越来越多！

现在的我对于所谓“公众人物”所要面对的事应对自如，而且心态无比轻松。除了有活动会出镜外，平时随意，从不化装，穿着“欢型”（嘿嘿，神不知鬼不觉插播了一广告。欢型是我自己的服装品牌，历史悠久，出道一年多，“疯格”明显，变化莫测，深受欢型迷爱戴，一出新款就会被抢光，当然主要是做得少啦，造成供不应求的景象哈哈，谦个虚啦）。

欢型这个洋气的名字源自于我快乐大本营喜欢说的口头禅：欢型（fashion）。

听说现在很多朋友形容洋气都说好“欢型”，这是个好现象（英语老师别恨我哈）。

去年我开始做自己的服装品牌，就直接取名：欢型。

那会儿是夏天，这想法蹦到我脑子里后，就马上设计了一个LOGO，去一个厂里做了一大批夏天的衣服，做完以后我不知道去哪里卖了。

我最先想到开个实体店，这可是我小时候就想过的，去问了租金，贵得哟，又要装修，那夏天是不是都过去了。

一想，这可不行，最后就想到开网店。

那会儿已经快到秋天，秋天卖短袖啊，谁买啊？

我一想起这事，就头疼。可那没办法，只能坚持，那就试一下看看。

店开张的那天晚上，几百万的点击量。我的店网络瘫痪了。当天晚上很多产品都脱销了。当时准备很仓促，所以我根本就不知道有这么好的效果，在这里先叩谢一下从起步就支持欢型的朋友。

猛然发觉，我当时起步的时候太仓促，很多东西规划得不到位，真的是有很多风险潜藏在里面，我必须放慢步子。

这次经历让我觉得创业有意思，自己投入血汗钱做，就绝不是好玩而已啦，和所有的年轻人创业一样，从头开始。

我们从开始的单一和稚嫩，到现在越来越成熟。我在摸索营销方式的过程中，像一个学生一样慢慢学习，在这期间交了好多“学费”（因为没经验，投了很多没有回报的钱，想起来就全是眼泪）。

好几次想放弃，主要是自己时间、精力有限，疏漏很多，可我又不喜欢半途而废，所以吃亏归吃亏，我们还是咬咬牙坚持下来啦。

说到创业，真的很佩服李静姐，她绝对是一位很有经验的商界“奇才”，不过她也是经过一段创业血泪史一步一步走过来的，任何成功者走过来的路都是一部心酸的电影啊（现在她做得这么好真的很佩服她）。

说到创业也要提提我表哥，他大学毕业直接分好单位，觉得没有太多发展，现在下决心出来单干。因为他专业好，自己有信心，刚起步时真的也很难，自己创业面对的不单是专业能力问题，还有人际关系问题，这是他之前所没有想到的。

好几次他都准备放弃，我一直在鼓励他，但同时也会说太辛苦就算啦。他还在坚持中，加油！虽然坚持不一定胜利，但是只有坚持才能通向胜利啊！

我想跟很多准备创业的年轻人说，不要怕起步阶段旁人的嘲笑，一切都会有的，疯狂的小鸟游戏不是有教我们吗？

每次你失败的时候，旁边都有几只猪在笑。其实想想他们也挺可爱的，没有他们游戏少很多乐趣呢。

面对嘲笑解决方法：他们笑他们的你做你的，你总会进步，他们也总会笑累的。

整蛊

说到起步，还是要感谢李晨，他的潮牌做得很棒，我也经常请教他。他做品牌很努力，因此他也老是在微博发他的产品照片。

有一次我跟他开玩笑整他，我借了朋友的电话打给他（我学男人声音很厉害的，之前经常学房东催水电费骗我的女朋友们，所以这也是我一项绝技呀）。

我这次装的是网管，电话一通，我用男人的声音严厉地问他，请问你是李晨吗？

他说是，我说我是网管，我们微博不让打小广告，特别是明星，请你把小广告删除。

他静音了一会儿，明显生气又心虚，嘴硬说，我现在很忙，得回头在电脑上删。

我严厉地打断他说，不行，这是规定，再忙也要删。

他有点急了，说我现在很忙没有时间删，你是网管你牛，不让放你就自己删了吧。

然后就气得挂电话了。

嘿，小样儿还敢顶嘴，我再打过去他就不接了。

我发觉我真的很闲，又找了个座机打给他，李晨又接了，我严厉地说：年轻人，你怎么态度那么差！

他又挂了。

我再打他就不接了。

我怕他气得身体不好影响工作，就用我自己电话再打给他，他接起来，我大笑了半分钟，他反应过来差点没气得背过气去，立马发了一个微博说被某著名主持人整了。

其实有时生活中小小的恶作剧也挺好玩的，记得我之前很疯狂地到处搜集好多恶作剧整人小道具，不知道你们玩过没有，跟大家分享几样哈：

痒痒粉：偷偷撒在朋友的身上，一会儿他就痒得哇哇大叫！

辣牙签：越剔越辣的牙签，朋友聚餐后，请大家用牙签，想象一下他们的表情！哈哈！

血丸：把胶囊含在嘴里，一咬破就口喷鲜血！武侠片必备品。

血肥皂：用香皂洗手，越洗越多血泡泡！

碎玻璃：贴在玻璃上，汽车车窗或者电视机，电脑显示屏上，就好像玻璃破碎，你懂哦。

辣茶包：看起来很普通的茶叶包，冲出来的茶很辣很辣哦。

喷嚏粉：将少许粉末撒在空气中，别人就会不停地打喷嚏。

黑眼圈：请朋友看万花筒，结果他的眼睛变成黑眼圈！

神奇墨水：好像不小心往朋友身上一喷，过一会儿就自动干净了。

化妆盒：打开漂亮的粉饼盒，里面竟然有一只可怕的蜘蛛。

放屁袋：坐到袋子上就会听到放屁的声音，不明就里的朋友肯定臊得满脸通红呢，嘿嘿！

蟑螂口香糖：完全逼真的绿箭口香糖！请朋友吃，会跳出一只蟑螂在手上。

吹不灭的蜡烛：朋友过生日的时候许完心愿就要吹蛋糕上的蜡烛，可是怎么也吹不灭！一直吹呀吹呀吹呀吹。

以前搜集好多这种有的没的，没事就整人玩儿，弄得那会儿朋友们都防着我。

现在整人我已经到了另一个境界，已经不需要道具了啦。

不过朋友间的整人玩笑要适当，适可而止，搞不好真生气了就达不到开心的目的，反而友情决裂了就得不偿失啦。

我就是这样失去了太多的朋友的，呜呜呜，没有啦，我虽然爱玩，还是知道轻重的哈。

生活中其实需要自己去寻找一些乐趣，不要生活得太严肃了，我们的工作已经压力很大也很累了，所以生活中学会放松学会自己去找乐子很重要。

别怕人说你幼稚，因为，快乐的人一定会有幼稚的一面哦。

如果你觉得自己周围的环境太严肃死板了，就从自己开始轻松快乐起来吧。

快乐是可以感染的，有轻松快乐的状态，工作效率和成绩才会越来越好，不要以严肃的眼光小瞧那些你所看到的嘻嘻哈哈的人，嘻嘻哈哈并不等于没心没肺，只是更懂得去感受快乐享受快乐。

缘分呀缘分

大家经常会在公共场合遇到明星，很多朋友都会想要一个签名或者是合照留个纪念，其实这个很有学问的，再热情也要注意礼貌的方式方法。

所谓的明星除了所从事的工作跟一般职业不一样之外，其实也是很普通的平凡人。每个人都有自己私下的一面。

我找一些明星朋友私下聊天谈起过，在路上或者公共场合遇到的最不礼貌的方式和很舒服的方式。

希望更多朋友了解到，如果在明星工作状态之外，私下在公共场合遇到他们，怎么样会让人不舒服，或者如果你要拍照签名的话，怎样做一定会被拒绝，怎样又是最好的方式。

在大街上和商店等公共场合碰到明星，如果你认出来了，很激动热情地大喊，你是那个谁谁谁吗？

通常对方是不可能一样热情地回答你：是的！我就是谁谁谁。

明星对于这种过分热情的都会害怕，因为互动的话一定会引起旁边其他人的注意，会影响正常秩序。

所以一般都不敢回答，通常会低着头装路人飘过。

关于表达热情的方式，我有一女艺人朋友跟我说过，有次结束工作准备回家，低头过马路，突然感觉背部被重击！当下以为自己中枪了！才发现，是一个年轻人认出了她。

年轻人很开心，用力捶了我朋友一下。

我朋友虽然能体会他的兴奋，但不知是否为了引起注意，他的力气过大，让她的背部疼痛久久无法散去。

其实一般艺人遇见礼貌打招呼的朋友都会亲切地回应，但那次，她真的笑不出来。

在太多人的公共场合，一般来说拍照是会被拒绝的。

其实并不是拒绝你，是因为本来就是低调出行，如果跟你合照会引起周围人的注意，别人再认出来又会有更多人来找合影，就会很乱，而且本是私下一起出来逛街或办事的朋友或者家人也会被默默地晾在一边，这样也很不礼貌。

商场和商店通常不适合拍照还有一个原因，因为有太多品牌的LOGO。对于艺人的公司来说一定是不赞成的。

所以在这些地方碰到你喜欢的明星，你提出合影，通常对方会为难地回答：不好意思不太方便。所以经常有朋友搞不懂为什么不方便，不就拍张照吗？其实就是这个很简单的原因。

如果你碰到你喜欢的明星正在打电话，你这个时候最好不要激动地跑上去提出合照签名，因为对方正在处理自己的事情，或是跟朋友家人讲话，虽然是电话，这样直接打断他们的谈话是不礼貌的，当然如果对方正在面对面地跟朋友谈事，就更不应该去打断了。

关于合影，其实大多数来要求合照有保证说只是私藏的朋友，大多数一转脸都放网上了。

记得我有一朋友在餐馆那天喝了点酒，脸红红的，门口有一些朋友等了半天想合影，虽然当下很不适合拍照，但是在对方一直请求并拍胸脯保证只是私藏的情况下，我这位朋友很为难地答应了。

结果就是刚拍完照，转脸儿就发微博了，虽然之后也不一定会再见面，但是这样欺骗的感觉很不好！

还有一个女艺人朋友的遭遇：那天状态不好，虽然没化妆还是答应对方拍了，因为对方保证说，你没化妆我绝对不会把照片公开出去，就自己留着。

结果一转身，发网上不说，还配文字说：大家看，素颜！真是差好多。

这样的情况真的经常发生，所以慢慢地艺人宁愿当面婉言拒绝也不想感受这种被欺骗的感觉。所以下次如果你要求合影，有明星说不好意思没化妆没打整不方便，你千万别硬说，没什么不方便，不化妆不打整挺好看的，其实还是尊重对方的想法比较好。

还有一次我同行的朋友因为自己的朋友出了一点事，心情很糟糕，在机场候机时有一人跑过去找他签名，他签了，然后对方又要求拍照，他也不想多说话就点点头拍了。

刚要拍，对方对着他说，笑一个嘛，热情一点嘛，我那么支持你，干吗垮着脸啊。

我朋友一下急了，对着他说：对不起，我朋友出事了我很难过，我高兴不起来。谁都不可能随时都是开心的，也会有情绪低落的时候呀！

当然还有问都不会问你就开拍的多的是。

现在人人都有手机，偷拍是没办法禁止的。

我很多朋友都遇到过，有艺人朋友带着自己的女朋友、男朋友或者是父母、家人去国外旅行，轻松悠闲地穿着大背心走在街上。

突然从后面走上来一群人拿着摄影机一路拍着说，看这就是谁谁谁。

来对着镜头打个招呼。

哇！你也来这里旅行呀。

来，对着镜头说两句。

拜托，这样被拍的人一定会不开心啊，穿得不讲究就算了，旁边还有家人朋友也被迫一起入镜，这样真的很不礼貌啊！

还有不分场合地点的，在游泳池，穿着泳裤泳衣当然很不方便拍照，你去要求拍照一定是会被拒绝的。

原因你懂的，如果你偷拍的话，通常发现了也会希望你删掉，就如你也不希望别人把你的泳裤泳衣照公开到网上一样的道理。

有一次我的一位家族成员去度假，在游泳池穿着泳裤晒太阳，有人跑过来要求合影。

我朋友说：不好意思，不方便。

对方继续：方便方便，哪里不方便。

朋友回答说：哪里都不方便。

除了游泳池，明星被堵在厕所里被拍的情况多的是，比如我们八号化妆间对着的洗手间，也是观众用的洗手间。

所以我们主持人还有来录节目的明星被堵的情况太多了，女生在厕所里刚从小格里走出来，正提裤子，或者裙子还没有拉下来就被守在那里的女观众拍。

工作人员要求删掉她还会不高兴，转脸就发微博说谁谁谁要什么大牌呀，拍张照有什么了不起的之类的。

有一次我们台一男主持正在厕所小便，一男生跑过去拿着本子说，可不可以签个名。

这位男主持为难地说：这怎么签啊?

太多太多的状况，其实大家出发点都是好的，看到明星，很热情很喜欢，但是一定要注意方式方法和场合。其实很简单，礼貌和理解很重要。

公共场合遇到明星，如果他（她）并不是在工作，而是很低调地在过自己私下的生活，就算你再惊喜也不要尖叫，或大喊对方的名字，因为会引起旁边并没有注意到的人注意，再喜欢也一定要压抑住自己激动的心情，礼貌微笑地打个招呼。

如果需要签名，就直接走到面前拿出纸和笔小声问，我很喜欢你，是否可以签个名。

我想这样你就一定会成功。

如果看到对方在打电话或跟朋友谈事，如果你真的很喜欢这位明星，你就等对方打电话结束，或者谈话暂停间隙去说出自己的想法。

但是拍照就看当时环境相对人比较少或者对方觉得自己当时的状态可以拍照的情况下提出邀请，如果那天艺人脸上长痘痘，或者头天晚上没休息好，或者当时喝了酒有些上脸之类的，或者有的明星没有化妆或穿着太随便，就不要拍了。

有的明星无所谓，有的明星会很介意，谁都想留个好的印象给别人，更何况是明星。

所以相互理解真的很重要。

如果喜欢他（她）也要学会尊重他（她），工作时明星在台上表演工作，真的可以随便拍。

但是如果私下里，请多多体谅哦。

那些年，我们的同学们

有一次我跟同学们聚会，我就发现，过了这么多年，哪怕是聊十年前的话题，都特别开心。

友情是会变成古董的，古董是时间越久越有味道，越值钱。

又开始忆当年啦，在成都上学时我属于外地人。

我们都住校，周末成都本地的同学都会回家，我们外地的同学要不在学校待着，要不就出去逛逛。

记得我和谢晗有一个周末一起去成都繁华的步行街逛夜市。

那个时候一个月的生活费只有200元。我俩一人装了一笔巨款，分别是150元、180元。哇，当时真的坐公交车都捂着包怕巨款被偷了。

好不容易到了春熙路，哇，就觉得这个世界上好东西实在太多了，夜市里小零小碎的好多，那家伙，我们什么都觉得惊奇，东买一点西买一点，不知不觉巨款就花光了。

最重要的问题是我们怎么回学校呀，那会儿学校在簇桥，距离春熙路有十几站呢。

晚上没有公交，我们更没钱打车回去，一商量决定打给成都的同学求助，具体怎么求助也不知道，总之打了电话再说吧，好几个已关机。

其中打通了的同学电话一通，都特小声地问我们这么晚打电话干吗?

我们回答说，在这边买东西钱都花光了回不了学校。

对方就说：哎呀，真倒霉，行，那后天学校见面聊。

我去，行什么行，聊什么聊呀。把我们气得，没义气，不够哥们儿。换个人再打，然后就是我们连打电话的钱都快没有了，最后我俩下定决心走回学校，妈呀，十几站呀，我俩骂骂咧咧走了一段路。

实在走不动了，决定最后拼一下，用剩下的一点钱打了一个电话给学校住校的同学求助，没想到过了一会儿，四个男同学从学校打着车来接了我们。我们看见无人的街上驶来一辆出租车，从出租车上下来四位男同学时，那种激动的程度绝对像看到了四大天王，帅呀！我们眼泪都出来了，又跳又叫，就差找他们签名了，感动啊，一点不夸张，这完全是革命友谊呀！凌晨街头的两位流浪女子终于得救了，当时年龄小，就是只顾高兴了，现在再想起来，真的感动呀！

时隔多年，小女子再次谢过，四大天王好久不见了，你们现在都好吗？愿你们工作顺利生活幸福啊！

还有一天在北京吃饭，突然走过来一位男士热情地跟我打招呼。我一看，哟，校友！聊天中了解到他现在在做生意，做得很成功。

祝贺之余，我们又闲聊起了上学那会儿发生的趣事。

这位周同学，为人非常正直，非常老实，性格随和，他跟我们玩得很好，关系不错，亲上加亲，因为认了我们寝室的一个女孩，也是我的好朋友之一姜同学当"女儿"，纯"女儿"啊。

因为那女孩每天萌萌的，晕晕的，走起路来像企鹅，很可爱。他们互称"爸爸"和"女儿"。

我和"女儿"那会儿是室友，又是好朋友，我的床很乱，每次睡觉时都懒得爬上去收拾，这位"女儿"是睡在我下铺的姐妹，所以我一般都跟这位"女儿"挤一床。

你想学校寝室的床多小啊，我们还真能凑合呀。

我们学校男生住在一二楼，女生住在三四楼。记得有一次周同学也就是那个"爸爸"在我们寝室玩，玩到打熄灯铃，我们说敢不敢不下去，就留在我们寝室，我们准备了材料烤香肠吃。

说是材料，其实就是香肠和蜡烛，方法就是点个蜡烛慢慢烤（现在想想我们真是敢吃呀，蜡烛烤香肠，啧啧啧啧）。

我们说出这个大胆的建议之后，作为老实的好同学的他吓了一跳，赶紧说不行不行，我是非常遵守纪律的，我得回去了。

我们就说，挑战一次嘛，烤香肠可好吃了。

我们又拿出香肠使劲儿晃，还真管用啊。他咽了一口唾沫，下决心说，好，那我就留下来，也没那么背会被逮着吧。

我们等灯一熄，就拿出了作案工具，开始围着蜡烛烤香肠，一阵阵香味飘满了寝室。

每个人都馋坏了，眼看马上就要烤熟了，说时迟，那是快。听见二楼男生宿舍和三楼女生宿舍的铁门咣当一声打开的声音，还有急促的脚步声。

我们贴着门听到外面老师说要查房，男生宿舍有男生没回寝室。

妈呀，我们的心哇凉哇凉的，这怎么办呀。宿舍里有男生，问题很严重的，是违纪处分呀。大家都吓得够呛。

周同学脸都绿了，他说，他长这么大第一次违纪就被抓，是不是太背了。

我安慰大家说别紧张，事情还没有到最坏的地步。

我环顾了一下寝室，对周同学说，快，你躲在窗子外面。所谓窗子外面就是贴在外面的窗户玻璃上，可以站的地方就只有两只脚的宽度，特别窄。

他爬出去贴在那个外面，我关上窗户拉上窗帘就看不到他啦。

为了不让他们有机会拉窗帘，我们就把宿舍所有的箱子都堆在窗户边压住窗帘，要去拉窗帘还必须去搬开所有箱子，对于查房的老师来说实在是太麻烦了，所以这样应该就安全了。

现在想想当时其实很可怕，外面的周同学手和脸都贴着窗子玻璃，手没有地方抓的，如果脚一滑，就掉下去了，或者谁不注意只要一开窗户他就死定了。因为窗户是向外开的，三楼呀。

说时迟那时快，查房老师很快检查到我们房间了，她跟狄仁杰似的，进来先闻到一股烤香肠的味道，四周看了看。

然后进来直接走到窗户那儿，狡猾地说，此地无银三百两，叫我们把箱子搬走。

我们沉默片刻，只有听话照做。搬完箱子，老师直接拉开窗帘，那状况真够惨的呀，就看周同学在外面整个人贴在窗户玻璃上，脸都贴得变了形。他用惊恐的眼神望着查房老师，接着夜空中传来一阵呐喊，老师不要开窗，我会掉下去摔死的。

结果周同学被罚写检讨，全校早会公开批评。

一个好学生一个老实孩子第一次违纪就这么惨，实在是太惨了。

第二天他垂头丧气提着保温瓶去打水，遇到了也去打水的我。

我咬咬牙，从兜里掏出那个月仅剩的20块钱，拿出10块钱塞给他说："建哥，听说你要被罚20块。我这10块拿去吧。"

他当时眼泪都快出来了，觉得我好仗义。

多年后我们一碰面他就会聊这件事，他说他永远都会记得那10块钱。

我说，其实你当年的罚款我们应该全给的，因为是我们害了你啊！

那些和同学间好玩的经历想起来就好笑，跟同学聊天是一个回忆的过程，也是特别快乐的过程。

我跟同学聚会真的很开心，一路走来环境改变经过很多事，你自己不知道是不是变了，是不是变得世俗了，虚假了。

我觉得同学之间没有客套这件事，同学聚会对我最开心的奖励不是说娜娜"你美了"、"成熟了"、"懂事了"，而是同学对我说，你一点都没改变，我们很久不见，还是这么近。

都说离开学校就没有那么简单了，就复杂了，就虚假了，也许大家都会有过这样的感受和经历。

后来我发觉，只要你想，只要你愿意舍弃一些东西，就有能力让自己的工作生活回归简单。

现在我就有这样的感觉，除了工作性质不一样外，还有所谓的无形光环，就是大家伙儿认识你，其他的部分其实可以和别人一样，也许比职场上的白领朋友更简单。

有时我在想，同一个公司同一个办公室，各种职位各种的性格各种的想法，每天得在同一个屋檐下相处得很好，还真不是一件简单的事。各有各的不容易，要保持简单就更不容易。

《阿甘正传》里有几句话说得好：我不觉得人的心智成熟时越来

越宽容，什么都可以接受。

相反，我觉得那应该是一个逐渐剔除的过程，知道自己最重要的是什么，知道不重要的东西是什么。尔后，做一个纯简的人。

我们同学聚会，那时学同一个专业，现在有的是导演，有的是记者，有空少，有的是公司老板，有的已经嫁为人妇相夫教子，有的是优秀的售楼员等，都在为各自的生活奋斗着。

我为我的每一位同学骄傲，同学聚会是让我特别开心、快乐的事情之一。无论多少年过去，同学见面就像时光又回到了从前，一起聊着怎么气老师，怎么翻校门，怎么装病睡懒觉被识破，还有那些年喜欢过的她他它（为什么有它？切，谁没养过宠物呀）。

后来我们为了更多地联系，建了一个微信群，一打开就有 70 多条微信留言，特别恐怖特别吓人。那流量啊哗哗的，那电量啊哗哗的，我立马就想退群了（哎呀，开玩笑啦，听大伙儿聊着四川话特亲切呢。但是以后你们聊在哪里吃火锅吃夜宵可不可以单聊啊，一是费我流量，二是我听着又吃不着实在是难受，好吧，以后就这么定了哈）。

欢型的娜小妞幕后（微博摘录）

爸爸讲了一件好笑的事，我们家农村的亲戚每年做的腊肉香肠都会被偷，还有养的鸡。最厉害是一次偷了十只鸡还把香肠腊肉都偷了，把亲戚家气得不行，过了两天，房门上贼回来给留了言：今年做得味道偏咸！

躺着玩儿微博的下场，手一滑，手机掉下来砸中上嘴皮，微肿，踏实了，晚安！

我们聊天中经常会有这样的话：这人怎么这样，我认识的他（她）不是这样的人啊。其实很简单，小人会在有的人面前戴面具，在有的人面前恢复本来面目，所以大家有时看一个人总会不一样。但是，不管掩饰得多好，迟早会露馅儿的。对付小人两种方式，或揭穿指责，或默默远离。

我的反应好像总莫名其妙地反着来，如果大家伙儿在一起都不说话，我一定会说很多话；一般大家喝多了都会特嗨话特多，可我反而会变内向；都说睡前喝点红酒睡得好，我喝了反而睡不着；还有最绝的是，平常睡得特好，偏偏国际睡眠日那一天整夜失眠，你说这都哪儿跟哪儿呀！

刚才在机场，美丽时尚的经纪人张小姐嫌弃地看着我说，娜小妞，可不可以把你衣服上的油点弄干净了才跟我出来，我见过大世面地白了她一眼，立马换了反面儿穿，同时喊出广告词：我是双面娇娃。

你躲在最简单的地方，还是会有复杂的课题抛给你。

有时不能全靠导航！晚上自己开车送助理回家跟着导航往前开，路越来越怪，最后开到一个树林的乱石堆，怎么会有乱石堆？再看导航，显示说请充电！四周一片漆黑，我脑子里立马出现《吸血鬼日记》的片段，冷汗直冒，幸好身边还有人，我壮胆地大喊：没路了，怎么办！助理也喊：原路返回。我大喊：原路在哪儿？

刚和朋友聚会结束，一顿畅饮之后，天南地北地聊，聊朋友，聊理想，何老师又聊起了当年我们去泰国的趣事，太好笑了。七年前的事了，七年啦，很多改变，没变的是快乐的心和娜式英文，其实我知道我下狠心是可以的，比如那会儿硬学的：《Better man》。可我啥时下狠心呀！

昨晚元宵节聚会，本来昕涛都回家了，涛涛已经进被窝两小时啦，他俩还是跑了过来，加100分，昨晚太嗨，跳绳，过杆儿，围在一起脚搭手上单脚跳，后来还在有雾气的玻璃窗上写快乐家族，加唇印、手印、脚印、心印、合影。张同学也喝嗨啦，出门时开心地问：我喝了车，谁帮我开酒。

在旅行途中，陌生的城市，坐在车上，看着窗外的景色，听着王菲的《乘客》，很美妙。

娜小妞的新书努力完成中，我真的越来越欢型了，之前两本，《娜是一阵疯》基本用飞机上的呕吐袋和问空姐要的纸笔完成，那段时间各种飞，一上飞机看见呕吐袋灵感就来了；《娜写年华》基本用各种酒店的便笺纸完成。而这本新书，完全用电子产品完成，相当欢型啊，高科技啊，嗯，期待一下吧。

如果能笑一笑，就算心情很坏，也会突然改变一些你的心情，大家伙儿趁牙齿还健在，多让它露露看。

本书就要结束了，记得在刚开始写的时候我跟康永哥说我又要写书了，他回话给我：书还没有写的话，其实也不用太勉强。

现在我快写完了狂笑着又跟他说：哇哈哈哈，我已经快写完啦。

他又开始堵我说：好作家都会把作品放抽屉里，放一阵子再拿出来看看，改改。大概放个 8 年左右。

我完全不理会，继续嗨起来说：哎呀，糟糕，文坛又将刮起一轮大风暴呀哈哈哈。

这句话应该足以把康永哥这样的文人气晕过去吧，不过他还是很友好很认真地问我：好吧，需要我为你做些什么？

我认真地回复说：帮我写本书。哈哈哈哈哈。

接着我又去气郭敬明，我说：郭总，你可别跟我一起出书呀，小心畅销书排行榜榜首被我霸占啊。

他幽幽地说：娜姐，别担心，我是小说类的。

好吧好吧我没“闻花”好吧，没“闻花”真可怕好吧，可我就爱甩狠话给自己壮胆儿，文坛中的书分很多种风格，而我，江湖传为“娜疯”。

在这片大花园中，“娜疯”，没有花香，没有树高，我是文坛鲜花丛中的一棵小草，从不寂寞，从不烦恼，你看我的伙伴遍及天涯海角（咋唱起来了？不愧为唱当红歌曲《菠萝菠萝蜜》的者鸣歌手呀）。

言归正传吧，是这样，各位观众朋友各位观众朋友，各位国际友人们，各位马兰坡坡民，“勒地森安得乡亲们”，各位淘宝的亲们，东东西西，南南北北我还是写完啦，我的脑袋装不下太多的东西，每到快满的时候就得挪空了重新再装新东西。再装入新东西的时候我整个人又年轻十岁，现在的我，看起来就像小学生（别乱想，我不是指智商，是指状态）。严肃点，别笑，是指状态，别笑，说你呢。镇定镇定稳定稳定。说正经的掏心窝子的话呗。

生活两个字我的感受就是：生下来就要快乐地有意义地活着。

生活 ing，这就是我给我肤浅人生的定义。

我们感受着生活所给予的，过着自己的人生同时旁观着别人的人生，就像 N 部影片一样，也许永远平行，也许有所交集。但无论如何，都层次分明，内容丰富，足够给你带来诸多的惊喜。

生活，仅仅是我们的所听、所看、所想就足以支撑我们积极地走下去。多多观察、用心感受，当你不再忽略沿途的风景，必然有意想不到的收获。

后记

感谢看完“坐家”娜小妞写的《娜么快乐》，看完以后是不是很想哭呀。

我跟你说如果你看完以后没有感受到快乐的话，我想想看，嗯，嗯，嗯，你可能需要再从头看一次，如果看完还是没有感受到快乐，那就需要再倒着看一遍，就这样坚持反反复复看，就一定能感受到《娜么快乐》，觉得有点冷哦！嘿嘿。

其实，《娜么快乐》就是写些我生活中有的没的，你无聊的时候感受一下我每天的快乐，乐和乐和，翻翻我的书，看我聊点有的没的，就这样，无聊着快乐，简单着快乐，娜么快乐！

后后记

本书要放床头不能放厕所，要不我半夜爬你家窗户。

图书在版编目（CIP）数据

娜么快乐 / 谢娜著. —长春 : 北方妇女儿童出版社，2012.5
ISBN 978-7-5385-6437-2

Ⅰ.①娜… Ⅱ.①谢… Ⅲ.①谢娜—生平事迹 Ⅳ.①K825.78

中国版本图书馆CIP数据核字(2012)第071178号

娜么快乐

作　者	谢　娜
出 版 人	李文学
责任编辑	李少伟　熊晓君
封面设计	typo_d
开　本	700mm × 980mm　1/16
字　数	160千字
印　张	14.5
版　次	2012年6月第1版
印　次	2012年6月第1次印刷
出　版	吉林出版集团 北方妇女儿童出版社
发　行	北方妇女儿童出版社
地　址	长春市人民大街4646号 邮编：130021
电　话	总编办: 0431-85644803 发行科: 0431-85640624
网　址	http://www.bfes.cn
印　刷	小森印刷（北京）有限公司

ISBN 978-7-5385-6437-2　　定 价：39.80元